Die Range unserer Kultur

Aufstieg, Erhaltung, Untergang - ein Naturgesetz

Bad Homburg, Sommer 2018

Herstellung und Verlag:
BoD- Books on Demand, Norderstedt
ISBN: 978-3-7528-9750-0

Inhalt

Vorbemerkung

Was hat mich veranlasst dieses Buch zu schreiben? Vor drei Jahren hatte ich das ausgeprägte Bedürfnis mich über den Zeitgeist so gut wie es möglich war zu informieren, damit ich eine aus mir selbst entstandene Meinung äußern konnte. Ich wollte nicht die Statements aus den Medien ungefiltert als meine Meinung annehmen, dies entspricht auch nicht meiner Denkweise. Dieser Wunsch mich zu informieren wurde durch das immer deutlicher werdende Mistrauen gegenüber der Politik, den Medien und den Menschen gegenüber, die das dreimal Gehörte als ihre Meinung anführen. Eine für mich untragbare Geisteshaltung.

Ich bin in einem Elternhaus groß geworden, in dem ich mit meinen Geschwistern schon sehr früh an die Realität und deren Akzeptanz herangeführt wurde. Wir haben als Kinder und Jugendliche klar erkannt, dass Realität nicht mit „Schlecht" zu verwechseln ist. Realität hat sich uns im Schlechten und im Guten gezeigt. Im Übrigen haben wir das erfahren, was man gemeinhin als Nestwärme bezeichnet. Ein Weicheigehabe gab es für uns nicht, wir Kinder haben diesen Charakterzug auch verachtet, denn dieser geht oft mit mangelnder Courage einher. Auf feige Menschen kann sehr schnell kein Verlass mehr sein, war unsere Meinung.

Natürlich gab es bei uns zuhause Streit und Sanktionen, die aber oft mit Kindesraffinesse abgefedert werden konnte. Auch Mut hat seine Grenzen, immer dann, wenn sich keine sofortige Möglichkeit bietet sich vor Hab und Gut zu schützen. Aber, wir hatten ein Gedächtnis, um bei passender Gelegenheit nach Revanche zu trachten, nicht unbedingt nach Rache.

Früh wurden wir in Gesprächen an einen gesunden Menschenverstand geführt. Probleme und Situationen wurden klar analysiert. Dies ist durchaus mit Jugendlichen zu machen. Jugendliche wie Kinder zu behandeln tut dem späteren Erwachsenen nicht wohl. Da unsere Eltern einen ausgeprägten Sinn für Taktig, Diplomatie und einem Instinkt für falsch und richtig hatten, haben wir uns daran angelehnt. Im Nachhinein hatten wir aus meiner Sicht eine sehr schöne Jugend, trotz Dresche und Sanktionen, die zu minderst bei mir oft gerechtfertigt waren. Dies alles fördert beim Kind und beim Jugendlichen eine gewisse Raffinesse um Bestrafungen auszuweichen und Vorteile zu nutzen.

Ich gestehe, dass nicht jedes Kind diese Form der Erziehung im Nachhinein als richtig empfindet. Mir hat die Klarheit des Erkennens von Situationen in meiner geschäftlichen Karriere viel geholfen.

Am Ende meiner BWL-Ausbildung habe ich ein Unternehmen mit dem Gegenstand der Software-Entwicklung und IT-Beratung gegründet. Dieses Unternehmen existiert heute noch, ohne jemals in einen wirtschaftlichen Sturm gekommen zu sein. Der wirtschaftliche Erfolg gepaart mit Glück hat mir ein Flugzeug, zwei Schiffe und einen Oldtimer geschenkt, nacheinander versteht sich.

Zu unterschiedlichen gesellschaftlichen Anlässen bewege ich mich gerne mit mir bis dato unbekannten Menschen auf dem Niveau des „smal talks". Dies ist zwar nur ein Austausch von Netiketten, lässt aber den Verlauf der Begegnung friedlich verlaufen. Sollte doch jemand meinen er müsste mir seine ideologischen Klugheiten eintrichtern, so lasse ich ihn reden. Würde ich reagieren und agieren, so wäre der weitere Verlauf der Begegnung beendet. Dem Gastgeber würde dies nicht gefallen.

Im Verlauf dieses Buches werde ich deutlich, sehr deutlich schreibe ich und spreche Sie als imaginären Leser an, nicht Sie als Person. Das dürfte jeder verkraften können. Man hat auch die Alternative das Buch aus der Hand zu legen.

Des Öfteren werde ich den Begriff des Flachdenkers benutzen. Dies ist nach meiner Definition ein Mensch dem die individuelle Kritikfähigkeit fehlt, er neigt oft zu ideologischen Hintergründen. Man könnte es auch etwas deutlich formulieren: Es ist ein Mensch der realitätsfremd immer das Gute sehen will, Probleme ausblendet und sich gerne der Massenmeinung unterwirft. Diesen Menschen fehlt es in aller Regel auch an Zivil-Courage. Zu vermissen ist auch genügend Tiefgang und Weitblick. Dennoch kann der Flachdenker über z.B. hohe mathematische Intelligenz verfügen. In diesem Typus Mensch sehe ich ein Risiko in Verbindung mit der Wirkung der Massenpsychologie für den Fortbestand einer Kultur. Darauf komme ich später noch in diesem Buch.

Des Volkes Range

Durch meine Recherchen zu meinen Büchern

Untergang des Abendlandes,	*ISBN 9 783746 093536*
gefühlter Start 2015	
Essay und Ausblick des Buches	*ISBN 9 783752 866940*
„Untergang des Abendlandes,	
gefühlter Start 2015"	
„Das sollten Sie wissen"	*ISBN 9783752 866933*
Meinungen, vorwiegend klug	
Hirnentkernt und feige	*ISBN 9 783752 867213*

die etwa drei Jahre andauerten habe ich viele Erkenntnisse über politisch/soziale Sachverhalte und über das menschliche Urteilsvermögen und Realitätssinn gewonnen. Hier zeige ich Ihnen zunächst die erste Range, den Realitätssinn, der zur Urteilsbildung erforderlich ist.

nicht vorhanden	Realitätssinn	deutlich ausgeprägt

Schiebt man den Zeiger (Dreieck) weiter nach links, lässt der Realitätssinn nach, schiebt man ihn weiter nach rechts, so nimmt der Realitätssinn zu. Wie setzt sich der Realitätssinn zusammen und was bewirkt er? Wir nehmen durch all unsere Sinne Informationen auf, die verarbeitet werden und dann im Speicher unseres Gehirns festgehalten werden. Es sind drei Stationen, die miteinander wirken. Ist unsere Sensorik, unsere Sinneswahrnehmung, schwach ausgeprägt, haben die zwei anderen Stationen wenig Material sich mit Informationen zu beschäftigen. In diesem Fall kann auch nicht viel gespeichert werden und im Bedarfsfall steht auch nicht viel zur Verfügung. Wenig Realitätssinn geht so gesehen auch mit wenig Klugheit einher. Dieser Mensch kann wenig auf eigene Erkenntnisse zurückgreifen, er bedient sich daher öfter der Massenmeinung. Schieben wir den Zeiger weiter nach rechts, so steigt der Realitätssinn, einfach formuliert. Dieser Typ Mensch hat ausgeprägtere und leistungsfähigere Stationen. Er kann zu gegebener Zeit auf Erkenntnisse und Erfahrungen verweisen. Es fällt diesem Mensch leichter sich eine stabile und eigene Meinung zu bilden. Ich halte es auch für durchaus möglich auf diese Range des Realitätssinns durch massenpsychologische Hintergründe Einfluss zu nehmen. Wenn man dem Menschen dreimal (theoretisch) etwas vorbetet, so nimmt er es gerne als seine Meinung an. Aber ein extrem ausgeprägter Realitätssinn ist nicht unbedingt immer von Vorteil. Dieser Mensch sieht mehr, nimmt mehr auf und verarbeitet mehr. Unter Umständen kann er auch zukünftige Ereignisse erahnen, nicht prophezeien, denn es gibt nur auf dem Papier Propheten. Dies kann ihn durchaus auch belasten, während der Unbegabtere in diesem Sinne, fröhlich weiter macht. Oft wird der gut ausgeprägte Realitätssinn von Tiefgang und Weitblick flankiert.

Wenn wir annehmen, dass ein Volk als Ganzes auch einer Range unterliegt, so kann dies in etwa aussehen:

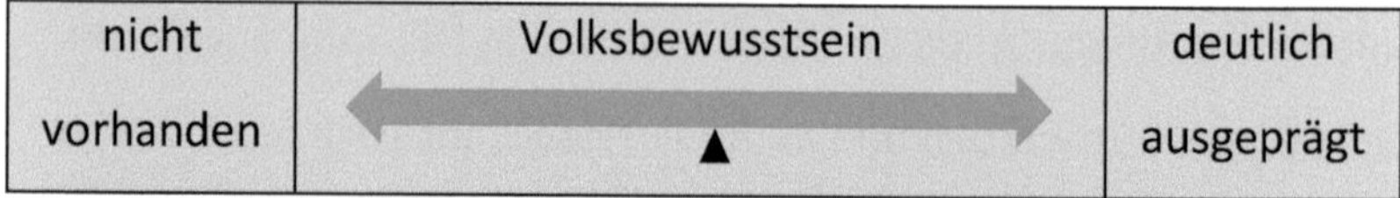

Das Volksbewusstsein kann man so definieren, dass es sich hierbei um ein Rudelverhalten handelt, gepaart mit einer gesunden Portion Zusammenhalt und Gemeinsinn. Wie meine Mutter des Öfteren zu uns Kindern festgestellt hat, ist der Mensch ein Rudeltier, der Mensch braucht den Mensch. Lässt dieses Volksbewusstsein nach, so zerlegt sich langsam ein Volk. Beschleunigt wird dies durch synthetische und frustrierte Lebenseinstellungen, die bis zu krankhaften und mittel- bis langfristig zerstörenden Maßnahmen führen. Wir alle wissen, dass ein Wolf alleine Probleme hat einen Hirsch zu schlagen. Tritt aber ein Rudel Wölfe auf, so bekommt jeder Wolf seinen Anteil am Festmahl. Wir Menschen sind nun mal auf den Menschen angewiesen.

Glauben Sie, dass der heutige Zeitgeist mit all seinen negativen und positiven Ereignissen sich auf den Fortbestand unserer Kultur auswirkt? Eine sehr einfache Frage, die aber am besten von dem Talentierten beantwortet werden kann. Dem Flachdenker fehlen die Sichten.

Daran schließt sich die nächste Frage an, wenn Sie der Meinung sind, dass sich unsere Kultur durch den Zeitgeist positiv oder negativ verändern wird.

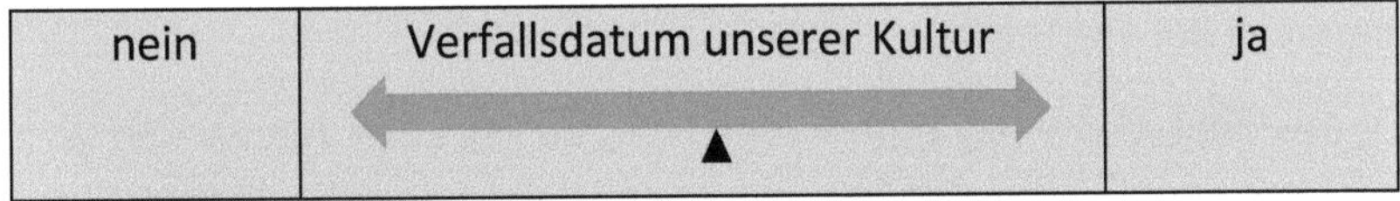

Wenn Sie mehr zum Negativen tendieren, stellt sich die Frage sind Sie Realist oder Pessimist? Sehen Sie die Auswirkung mehr positiv, sind Sie dann ein Träumer oder Gutmensch? Auch reiht sich eine Folgefrage an: Glauben Sie, dass unsere Kultur, und wir leben in einer Kultur, ein Verfallsdatum hat?

Tendieren Sie zu einem „nein", dann gehören Sie in den Kreis der zu prämierenden Flachdenkern. Ich habe nicht gefragt wann dieses Verfallsdatum greift.

Wir dürfen uns in einem freiheitlichen Staat bewegen. Dies zieht Gutes und Schlechtes nach sich. Gutes: Wir sind sozial, medizinisch und wirtschaftlich gut versorgt. Schlechtes: Wir wissen nicht wer uns ans Leder will, die Kriminalitätsrate ist beängstigend.

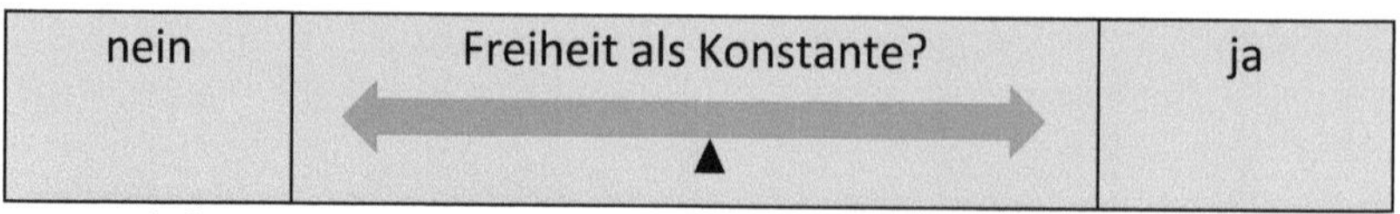

Wir leben, und dies bedeutet ständige Veränderungen, auf allen Gebieten. Was macht der kluge Mensch bei hilfreichen Veränderungen, er passt sich an. Bis dahin wird mir sicherlich jeder recht geben. Die Strukturen im Sozialen und Wirtschaftlichen ändern sich ständig. Es ist den meisten Menschen hier im Lande nicht bewusst, die Gewährung von Freiheit muss auch dem Zeitgeschehen angepasst werden. Dieser Begriff Freiheit wurde und wird als Konstante dem Volk eingehämmert, bzw. ständig vorgebetet. Die Freiheitsgestaltung muss sich, wie viele andere Dinge auch, dem Zeitgeist angepasst werden. Der Aufschrei kommt dann aus der Flachdenker Szene.

Das deutsche Volk, andere westliche Völker auch, haben sich im Laufe der Jahrzehnte im sozialen Umgang miteinander selbst erzogen. Sie gebrauchen die Worte „danke" und „bitte", sie grüßen freundlich, sie sind gastfreundlich, sie vermeiden zu gesellschaftlichen Anlässen Konfrontationen, kurzum, sie wollen ein harmonisches Miteinander leben. Die Ausnahmen lasse ich hier einmal außer Acht. Deutschland ist wirtschaftlich sehr stark, die Menschen sind fleißig und kreativ, wir können auf keine Bodenschatz-Geschenke zurückgreifen. Die Mentalität des Deutschen habe ich beschrieben, aber ist er auch in der Lage sich im

Sozialen und Gesellschaftlichen zu wehren, wenn er angegriffen wird. Hier denke ich an Mentalitäten, die fordern und sich nehmen was sie wollen, die „danke" und „bitte" nicht kennen, usw. Was sagt der Deutsche dann, wie reagiert er, lässt er sich überrennen?

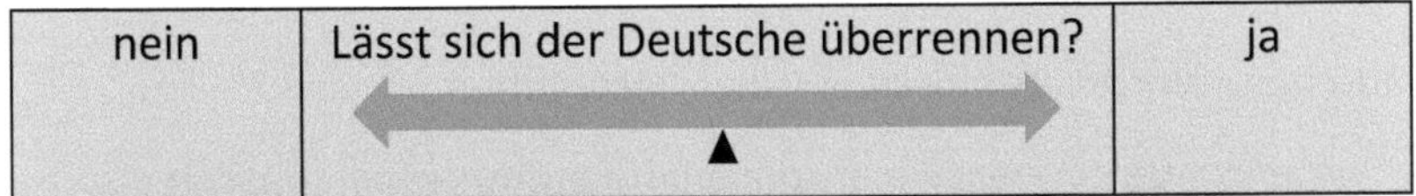

Nur als Hinweis zu dieser Fragestellung: Je mehr der Zeiger zu „ja" tendiert, je eher ist Ende mit Deutschland. Sehen Sie dies auch so? Kann es sein, dass der Deutsche ab einem gewissen Punkt sich wehrt? Ist es dann vielleicht zu spät? Wird es dann zu brutal?

Man könnte diese Betrachtungen beliebig fortführen. Es kommen alle Aspekte wieder auf ein und denselben Punkt oder die gleiche Frage: Wieviel Tiefgang und Weitblick hat der Mensch kurzfristig, mittelfristig und langfristig. Der wenig talentierte oder ideologisch zersetzte wird nicht wissen, dass es so etwas gibt, bzw. es nicht akzeptieren.

Wenn Sie vor diesem Hintergrund einmal kritisch das politische Geschehen unter massenpsychologischen Einflüssen betrachten und auch erkennen, dann sind Sie ein Weitdenker, Kompliment.

Im folgenden Kapitel biete ich einem Autor die Möglichkeit seine Vorschläge darzulegen, wenn ein Punkt der Negativeinflüsse überschritten ist. Es stellt sich in diesem Sinne die Frage ist der Punkt schon überschritten und lässt er sich regulieren und befrieden?

Wie man die BRD noch retten könnte

Ein alternativer Masterplan nach Eugen Prinz.

Der Tanker Deutschland, ein Koloss, wurde von Merkel und ihren Getreuen von seinem Kurs abgebracht. Wenn nicht schnell etwas Durchgreifendes geschieht, wird er untergehen.

Wer die Verhältnisse in Deutschland aufmerksam und mit wachem Geist betrachtet, kommt unweigerlich zu dem Schluss, dass unser Land nur noch durch eine radikale Wende auf beinahe allen Politikfeldern vor dem Niedergang bewahrt werden kann. Manch einer mag angesichts des Wohlstandes, in dem die meisten von uns noch leben, den Kopf schütteln und spöttisch grinsen. Wer das tut, hat nur die Entwicklung nicht zu Ende gedacht. Er ist wie jemand, der vom Dach eines Hochhauses gestürzt ist und sich auf Fallhöhe 5. Stock denkt: „Was die bloß alle haben? Mir geht es doch gut!"

Doch das Kopfsteinpflaster wartet schon auf seinen Schädel, seine Knochen und seine Innereien. Das, lieber Leser, ist genau die Lage, in der wir uns befinden. Noch unversehrt, sind wir doch im freien Fall und werden in den nächsten Jahren oder spätestens Jahrzehnten von der finalen Eskalation multipler Fehlentwicklungen zerschmettert werden. Die Problemfelder sind Legion, wie diese Aufstellung, die nicht einmal den Anspruch der Vollständigkeit erhebt:

Offene Grenzen

Ein steter Strom von hunderttausenden von „Flüchtlingen",
deren Identität größtenteils nicht bekannt ist und von denen
wahrscheinlich die meisten lebenslang alimentiert werden müssen,
ergießt sich weiterhin scheinbar unaufhaltsam in unser Land.

Abschiebehindernisse

Hunderttausend abgelehnter Asylbewerber werden in unserem
Land geduldet, weil sie nicht abgeschoben werden können.

Gewalt und Kriminalität bei Zuwanderern

Allein schon bedingt durch die Alters- und Geschlechtsstruktur
der Zuwanderer besteht eine erhöhte Neigung zur Gewalt,
Sexualdelikten, und anderer Kriminalität. Dass die Zuwanderer noch
dazu aus gewaltaffinen Regionen mit einem fragwürdigen
Frauenbild kommen, macht es nicht besser.

Kriminelle arabische Familienclans

Teile unserer Bundeshauptstadt und bestimmte Gegenden in
anderen Ballungszentren werden beherrscht von arabischen
Familienclans, die in der organisierten Kriminalität ein Vermögen
machen und nebenbei vom Staat noch Hartz IV kassieren.

No-go-areas

In den Ballungszentren entstehen immer mehr No-go-areas, in denen eine wachsende Zahl von muslimischen Zuwanderern nach ihren eigenen Gesetzen und Regeln lebt und die staatliche Autorität nicht mehr akzeptiert.

Islamischer Terror

Mit den Zuwanderern kamen und kommen Terrorverdächtige, so genannte „Gefährder" ins Land. Sie stehen islamischen Terrororganisationen nahe, oder sympathisieren mit ihnen. Mit jedem einzelnen der kommt, wächst die Gefahr von Anschlägen, auch mit Bio-Waffen.

Islamisierung

Die in Deutschland lebenden Muslime prägen immer deutlicher unsere Gesellschaft (Kopftücher, Moscheen, Hala-Lebensmittel, Ramadan) und treten immer fordernder auf.

Regierung betreibt Umvolkung

Die Regierung fördert nach besten Kräften den Volksaustausch durch Familiennachzug, Resettlement und zwischenstaatliche

Abkommen über die Aufnahme von Flüchtlingskontingenten aus
anderen Ländern.

Bildungssystem

Das Leistungsniveau in den Schulen sinkt immer weiter ab,
immer mehr Schüler verlassen die Schule ohne einen Abschluss und
sind nicht ausbildungsfähig.

Die Rente

Rentner müssen in Abfalleimern nach Pfandflaschen suchen, um
sich über Wasser zu halten, es droht eine flächendeckende
Altersarmut.

Geburtenziffer

Die Geburtenziffer der indigenen Deutschen liegt weit unter der
Erhaltungsmarke.

Abwanderung der Hochqualifizierten

Hochqualifizierte Fachkräfte verlassen Deutschland in Scharen.

Nullzinspolitik

Die Nullzinspolitik der EZB, Zeichen eines den letzten Züge
liegenden Finanzsystems, frisst die Ersparnisse der Bürger auf. Der

Kollaps des Euro droht. Die Konsequenzen mag man sich gar nicht ausmalen.

Energiesektor

Die völlig überhastete Energiewende ohne Plan treibt den Strompreis in immer neue Höhen und das Leitungsnetz immer weiter an den Rand eines Blackouts.

Bundeswehr

Durch die Aussetzung der Wehrpflicht, jahrzehntelange Sparmaßnahmen und die Inkarnation der Unfähigkeit als Verteidigungsministerin, wurde die Bundeswehr völlig ruiniert und Deutschland um seine Verteidigungsfähigkeit gebracht.

Polizei

Migranten im Polizeidienst, bei denen sich bei manchen die Frage stellt, wem im Zweifelsfall ihre Loyalität gehört.

Target 2

Durch das Target2-Verrechnungssystem hat die Bundesbank eine Billionen Euro größtenteils uneinbringbarer Forderungen an andere Euro-Staaten angehäuft.

Griechenlandrettung

Der deutsche Steuerzahler bürgt für die Schulden Griechenlands.

Nettozahler an die EU

Die deutschen Nettozahlungen an die EU steigen durch den Brexit noch weiter.

Autoindustrie

Die deutsche Autoindustrie wird mit unsinnigen Abgaswerten für Dieselfahrzeuge geschwächt.

Wohnungsmarkt

Die Mieten gehen durch die Decke, bezahlbarer Wohnraum wird immer knapper.

Gender Wahnsinn

Richtig: Das sind Idioten, die aus tiefstem Herzen davon überzeugt sind, dass es 60 Geschlechter gibt. Mindestens. Ergänzt noch durch Gender Studies, einer Pseudowissenschaft, die sowohl die deutsche Sprache, als auch die Köpfe unserer Kinder versaut.

Deutschland ist vom Kurs abgekommen

Das Fazit: Deutschland, ein wirtschaftlich starkes, bis zur Ära Merkel einigermaßen gut regiertes Land mit einer hervorragenden Verwaltung, ist vergleichbar mit einem riesigen, behäbigen Öltanker. Es dauert lange, einen solchen Koloss vom Kurs abzubringen. Dreht man das Ruder in die falsche Richtung, kommt dieses Schiff nur ganz langsam aus seinem korrekten Fahrwasser. Aber im Laufe der Zeit wird die Abweichung immer größer und irgendwann ist der Tanker dann in felsigen Untiefen gelandet, wo er leckschlagen und sinken wird.

Für eine leichte Kurskorrektur ist es längst zu spät. Es gilt, den Tanker Deutschland beim Umsteuern an die Grenze seiner Belastbarkeit zu bringen, um ihn noch zu retten. Deshalb soll die Frage beantwortet werden, was nötig wäre, um den von einer skrupellosen Kapitänin und ihrer gewissenlosen Besatzung gesteuerten Koloss so schnell und so gründlich wie möglich wieder in ruhige und sichere Gewässer zu lenken.

Dafür wurde ein aus 30 Punkten bestehender Maßnahmenkatalog erdacht, der „Alternative Masterplan für Deutschland". Er ist ein theoretisches Denkmodell, das nach Meinung des Autors die einzige Möglichkeit darstellt, die gegenwärtigen Probleme noch zu lösen.

Eines vorneweg: Es werden Maßnahmen angedacht, die jedes linksgrüne versiffte Gehirn von Kiel bis Berchtesgaden zu hysterischen Anfällen und kollektiver Schnappatmung treiben wird. „Der Alternative Masterplan für Deutschland" wurde in zahlreichen Problemfeldern geschildert, die unserem Land zusetzen und unweigerlich zu seinem Niedergang führen werden. Frei nach dem Motto „I had a dream" soll jetzt ein theoretischer Maßnahmenkatalog vorgestellt werden, der geeignet wäre, die zahlreichen Probleme in unserem Land, oder zumindest einen wichtigen Teil davon, an der Wurzel zu packen und zu beseitigen.

So lautet ein treffender Leserkommentar auf den ersten Teil des Beitrages. Wer das Denkmodell „Alternativer Masterplan für Deutschland" als zutiefst kalt und herzlos empfindet, soll sich vor Augen halten, dass die Kanzlerin und jene, die ihr nicht in den Arm gefallen sind, dafür verantwortlich zeichnen, dass man nun über solche Maßnahmen nachdenken muss. Auch die Bahnhofsklatscher und Flüchtlingshelfer mögen sich da an ihre eigene Nase fassen. Nicht zu vergessen die schweigende Mehrheit der Deutschen, die dem Treiben schweigend zugesehen hat und das immer noch tut. Auch sie hat ihren Beitrag dazu geleistet, dass es so weit gekommen ist.

Der Verfasser sieht das hier vorgestellte Denkmodell trotz aller Härte im Einklang mit der freiheitlich demokratischen Grundordnung. Allerdings ist der Autor weder Jurist, noch

Verfassungsrechtler. Deshalb der Hinweis: Der hier beschriebene theoretische Maßnahmenkatalog versteht sich vorbehaltlich des Einklangs mit dieser Grundordnung.

Geht nicht, gibt's nicht!

Sollten sich Leute aus dem linksgrünen Lager dazu versteigen, diese Zeilen zu lesen, ist der Gutmensch-Reflex: „Das geht nicht!" inklusive eines maßlos entsetzen Gesichtsausdrucks unausweichlich.

Dieser Klientel sei entgegnet, dass es normalerweise auch nicht geht, dass man die Grenze öffnet wie Scheunentore und Hunderttausende hereinlässt, von denen man nicht einmal weiß, wer sie sind. Und trotzdem hat es Merkel getan. Und es geht auch nicht, dass man entgegen der No-Bailout-Klausel im Maastricht Vertrag die Schulden Griechenlands übernimmt. Und trotzdem hat es Merkel getan. Und es geht auch nicht, dass man über Nacht im Hauruck-Verfahren ohne Plan aus der Kernkraft aussteigt. Und trotzdem hat es Merkel getan. Also soll hier niemand mit dem Argument kommen, dass irgendetwas angeblich nicht geht! Dass das Ausland das ähnlich sieht, beweisen diese Zeilen in der Baseler Zeitung vom 08.08.2018:

Die Brüsseler Bürokraten haben die nationalen Grenzen geschleift, ohne eine funktionierende Alternative zu entwickeln. Europa kann sich aus diesem Desaster nur retten, wenn die einzelnen Länder wieder die Souveränität über ihre Grenzen und ihre Migrationspolitik wieder erobern.

Der Alternative Masterplan für Deutschland im Detail

Viele Leser werden sich jetzt fragen, was als erstes vorgeschlagen wird. Die meisten würden wahrscheinlich auf die Sicherung der Außengrenzen tippen. Falsch! Für all die Punkte, die in diesem Masterplan vorgesehen sind, braucht es zunächst eine robuste gesetzliche Grundlage. Und es gibt kein Gesetz, das robuster ist, als die Verfassung. Deshalb packt der Alternative Masterplan die Sache vom Ende an, nämlich vom letzten Artikel des Grundgesetzes für die Bundesrepublik Deutschland. Dort heißt es:

Art. 146. Dieses Grundgesetz, das nach Vollendung der Einheit und Freiheit Deutschlands für das gesamte deutsche Volk gilt, verliert seine Gültigkeit an dem Tage, an dem eine Verfassung in Kraft tritt, die von dem deutschen Volke in freier Entscheidung beschlossen worden ist.

1. Das deutsche Volk gibt sich eine Verfassung

Genau das ist schon lange überfällig! Das deutsche Volk beschließt in freier Entscheidung eine Verfassung, die das Grundgesetz ablöst. Diese Verfassung atmet den Gedanken „Deutschland zuerst" und beinhaltet den Schutz der kulturellen

Homogenität im Sinne der abendländischen Form des Christen- und Judentums. Sie schreibt die Freundschaft und Verbundenheit zum Staat Israel und die geschichtliche Verantwortung Deutschlands gegenüber den Juden fest. Ebenso wird festgeschrieben, dass Deutschland als souveräner Staat erhalten bleibt, seine Zukunft in einem Europa der Vaterländer gestaltet und das Bundesverfassungsgericht die höchste Instanz der Rechtsprechung ist (nicht der EUGH). Die Bundeswehr kann künftig auf Anforderung die Polizei im Inneren und an den Außengrenzen mit Personal und Material unterstützen. Angeforderte Kräfte der Bundeswehr unterstehen der Polizei.

2. Asylrecht wird zur Kann-Bestimmung

Die Väter des Grundgesetzes haben aus den Fehlern der Vergangenheit gelernt und 1949 das Grundgesetz entsprechend gestaltet. Dasselbe haben auch die Väter der Verfassung in unserem Denkmodell getan. Sie haben gesehen, was eine fehlgeleitete Bundeskanzlerin mit dem Grundrecht auf Asyl anrichten konnte. Deshalb kennt die deutsche Verfassung kein einklagbares Recht auf Asyl mehr. Dieses kann, muss aber nicht gewährt werden. Es besteht kein Rechtsanspruch mehr darauf.

3. Grenzsicherung

Die gesamte deutsche Außengrenze wir mit genügend Personal und modernster Technik flächendeckend und lückenlos gesichert. Das gilt für ausnahmslos jeden Grenzübergang und auch die „grüne Grenze". Alle Personen ohne gültige Legitimation und Visa werden zurückgewiesen. Techniken werden entwickelt, die Grenzabfertigung beschleunigen.

4. Asyl-Moratorium

Es werden keine neuen Flüchtlinge ins Land gelassen, der Familiennachzug wird auf bestimmte Zeit ausgesetzt. Dies gilt solange, bis die Verhältnisse in Deutschland wieder in Ordnung gebracht und sämtliche Integrationsdefizite beseitigt sind.

5. Zwischenstaatliche Abkommen über die Aufnahme von Flüchtlingen

Jetzt kommt das schärfste Schwert des „Alternativen Masterplans für Deutschland": Mit einem afrikanischen Staat (nennen wir ihn einfach „Republik Hutu") wird ein Abkommen geschlossen, das diesem großzügige Wirtschaftshilfe garantiert. Dafür erklärt sich dieses Land bereit, unbürokratisch sämtliche Personen aus Deutschland aufzunehmen und gegeben falls auf

Dauer zu beherbergen, die bei uns unerwünscht sind und das Land verlassen müssen. Das gilt auch für jene, die durch Entzug der Staatsbürgerschaft staatenlos geworden sind, deren Herkunftsland sie nicht mehr oder nicht schnell genug zurücknimmt oder deren Nationalität nicht festgestellt werden kann. Die „Republik Hutu" garantiert die Einhaltung der Menschenrechte und den Verzicht auf Folter und Todesstrafe. Deutschland baut vor Ort die entsprechenden Unterkünfte und übernimmt alle Kosten für Verpflegung, Schule und Weiterbildung, sowie die medizinische Versorgung. Das alles zu einem Bruchteil der Kosten, die dafür in Deutschland anfallen würden.

6. Abschiebung

Aus den Ressourcen von Bundes- und Landespolizei, sowie der Bundeswehr und der Verwaltung wird eine „Arbeitsgemeinschaft Abschiebung (ARGE Abschiebung)" ins Leben gerufen. Diese verfügt über eigene Flugzeuge, geeignetes Personal und Abschiebehaftanstalten. Sämtliche Ausreisepflichtige, die bisher nicht abgeschoben werden konnten, werden von der ARGE in die „Republik Hutu" verbracht. Bei den Polizeidienststellen werden Kommissariate eingerichtet, die untergetauchte Ausreisepflichtige aufspürt. Abschiebehindernisse gibt es keine mehr, ggfs. wird mit Krankentransport Flugzeugen ausgeflogen.

7. Asylentscheidungen und Asylverfahren

Sämtliche positiven Asylentscheidungen seit 2013 werden nochmals genauestens überprüft. Zur Durchführung des Asylverfahrens werden alle verfügbaren technischen und medizintechnischen Möglichkeiten zur Wahrheitsfindung eingesetzt. Bei minderjährigen unbegleiteten Flüchtlinge (MUFL) wird grundsätzlich eine medizinische Altersbestimmung vorgenommen. Die MUFL werden nicht mehr bei Pflegefamilien, sondern in Internat artigen Sammelunterkünften mit einer strengen Hausordnung, Alkoholverbot und altersgemäß beschränkten Ausgangszeiten untergebracht, zu einem Bruchteil der bisherigen Kosten. Für sämtliche gegenwärtigen und zukünftigen Asylbewerber gibt es bis zum Abschluss des Asylverfahrens nur noch Sachleistungen. Es besteht eine Residenzpflicht für den entsprechenden Landkreis der Unterkunft. Im Falle einer Verurteilung eines Verbrechens oder bei der zweiten Verurteilung wegen eines Vergehens wird das Asylverfahren sofort beendet und der Betreffende entweder in sein Heimatland, oder wenn das nicht möglich ist, in die „Republik HuTu" abgeschoben. Das gilt auch für MUFL, für diese werden in der „Republik Hutu" spezielle Jugendeinrichtungen geschaffen.

8. Migrationshintergrund

Die Definition „Migrationshintergrund" wird ausgeweitet. Künftig gilt auch derjenige als Migrant, dessen Großvater oder Großmutter einen Migrationshintergrund hat oder hatte.

9. Erwerb der deutschen Staatsbürgerschaft

Die Hürden für den Erwerb der deutschen Staatsbürgerschaft werden deutlich erhöht. Oberste Voraussetzung für einen deutschen Pass ist der Wille zur Assimilation, Integration allein genügt nicht. So berechtigt z. B. eine Eheschließung mit einem deutschen Partner künftig nicht mehr automatisch zum Erwerb der deutschen Staatsbürgerschaft. Ohne den erkennbaren Willen zur Assimilation darf die deutsche Staatsangehörigkeit nicht erteilt werden. Eine Einbürgerung wird zunächst nur auf Probe (Probezeit: 10 Jahre) erteilt. Innerhalb dieser Frist kann die deutsche Staatsangehörigkeit bei Assimilierungsverweigerung kurzfristig entzogen werden. Der Klageweg wird auf eine Instanz beschränkt.

Bisher behalten 61,4 % der Eingebürgerten ihre alte Staatsbürgerschaft. In unserem Denkmodell wird die doppelte Staatsbürgerschaft ausnahmslos abgeschafft. Bürger, die gegenwärtig zwei Pässe besitzen, wird die deutsche Staatsangehörigkeit entzogen. Sie können erneut einen Antrag auf Einbürgerung stellen, wenn sie bereit sind, die andere

Staatsbürgerschaft aufzugeben und die neuen, verschärften Kriterien für die Erteilung erfüllen. Dabei wird negativ berücksichtigt, dass sie durch ihre bisherigen Verhalten (zwei Staatsbürgerschaften) gezeigt haben, dass ihr Assimilationswille angezweifelt werden muss.

10. Ausweisung

Ausländer, die weniger als 10 Jahre in Deutschland gearbeitet haben und länger als 6 Monate von Hartz IV leben, wird die Aufenthaltserlaubnis entzogen und sie werden in ihr Heimatland oder in die „Republik HuTu" ausgewiesen. Bei mehr als 10 Jahren ist es 12 Monate Recht auf Hartz IV-Bezug vor der Ausweisung. Die bisherige Dauer ihres Aufenthaltes in Deutschland spielt dabei keine Rolle, auch wenn sie hier geboren wurden.

Gegenwärtig in Deutschland lebende anerkannte Asylbewerber haben ebenfalls 12 Monate das Recht auf Hartz IV-Bezug. Die Frist beginnt mit Inkrafttreten einer entsprechenden Gesetzesänderung. Finden sie innerhalb dieser 12 Monate keine Arbeit, wird ihnen die Aufenthaltserlaubnis für Deutschland entzogen und sie erhalten dafür ein Bleiberecht in der „Republik Hutu", wo sie ebenfalls in Sicherheit sind.

Ausländer mit Wohnsitz in Deutschland wird bei einer rechtskräftigen Verurteilung wegen eines Verbrechens oder bei zwei Verurteilungen aufgrund von Delikten, die den Tatbestand eines

Vergehens erfüllen, die Aufenthaltserlaubnis entzogen und sie werden ausgewiesen. Findet sich keine Aufnahmeland -> „Republik Hutu".

Deutschen mit Migrationshintergrund wird bei einer rechtskräftigen Verurteilung wegen eines Verbrechens oder drei Verurteilungen aufgrund von Delikten, die den Tatbestand eines Vergehens erfüllt, die deutsche Staatsbürgerschaft entzogen. Bei einer weiteren Verurteilung wegen eines Verbrechens oder zwei Vergehen erfolgt die Ausweisung. Bei fehlendem Aufnahmeland -> „Republik Hutu". Ein lebenslanges Einreiseverbot wird verhängt.

11. Kriminelle arabische Familienclans

Aufkündigung der Aufenthaltserlaubnis und Ausweisung sämtlicher bekannter Mitglieder krimineller arabischer Familienclans mit nichtdeutscher Staatsangehörigkeit, die nicht schon aufgrund der bisher vorgestellten Maßnahmen Deutschland verlassen mussten. Abschiebung ins Ursprungsland, wenn das nicht möglich ist -> „Republik Hutu". Einziehung aller Vermögenswerte, deren legale Herkunft nicht nachgewiesen werden kann. Bei kriminellen Clanmitgliedern mit deutscher Staatsangehörigkeit: Ausbürgerung, dann Abschiebung ins Ursprungsland, wenn das nicht möglich ist -> „Republik Hutu".

12. No-go-areas

Diese erhalten eine besonders hohe Polizeipräsenz inklusive Unterstützungseinheiten der Bundeswehr. Straftaten und Ordnungswidrigkeiten werden nach dem Prinzip „Zero Tolerance" verfolgt. Spezielle Schnellgerichte werden zur Aburteilung eingerichtet. Die bisher vorgestellten Maßnahmen werden dazu führen, dass sich die Bewohner der no-go-areas sehr schnell in der „Republik Hutu" wiederfinden. So werden verloren gegangene Stadtviertel wieder zurückerobert.

13. Bundeswehr

Wiedereinführung der allgemeinen Wehrpflicht, diese gilt für Männer und Frauen und dauert insgesamt 18 Monate. Davon entfallen 12 Monate auf die Ausbildung, in den restlichen sechs Monaten werden die ausgebildeten Wehrpflichtigen auf Anforderung zur Unterstützung der Bundes- und Landespolizei bei Großlagen und Einsätzen, die einen hohen Kräfteansatz erfordern, eingesetzt. Die Bundeswehr wird auf 400.000 aktive Soldaten aufgestockt. Ersatzweise kann auch eine Dienstpflicht abgeleistet werden. Diese dauert 24 Monate und umfasst den Einsatz in Altenheimen, beim Rettungsdienst, THW, Feuerwehren, Familienhilfe, Landwirtschaftshilfe und in Krankenhäusern. Die Wehr- bzw. Dienstpflicht dient unter anderem auch dazu, das

Zusammengehörigkeitsgefühl und das Sozialbewusstsein der jungen Deutschen zu stärken, Ego-Trips in den Köpfen der Jugend den Kampf anzusagen und Tugenden wie Ordnung, Pünktlichkeit, Fleiß und Gewissenhaftigkeit wieder im Bewusstsein der jungen Generation zu verankern.

14. Islamischer Terror

Ausländische Gefährder in Deutschland werden in ihr Herkunftsland abgeschoben. Wenn das nicht möglich ist -> „Republik Hutu". Gefährder mit deutscher Staatsbürgerschaft und Migrationshintergrund werden ausgebürgert und folgen ihren ausländischen Gesinnungsgenossen nach.

15. Islamisierung

Das Bundesverfassungsgericht prüft den Islam und seine Lehren auf die Vereinbarkeit mit der deutschen Verfassung. Parallel dazu beobachtet der Verfassungsschutz die Aktivitäten der DITIP als verlängerter Arm Erdogans und die Vorgänge in den Moscheen. Alle Predigten in den Moscheen sind in Deutsch zu abhalten. Moscheen sind im Baustil der indigenen Architektur anzupassen. Jeder Ausländer, der auf Dauer hier leben möchte, hat als Fernziel die Assimilierung in das deutsche Volk mit seinen Sitten, Gebräuchen und Werten zu akzeptieren. Wenn er damit nicht einverstanden ist, das nicht kann oder will, steht ihm jederzeit frei, das Land zu verlassen. Eines der Staatsziele in der Verfassung ist der Schutz der kulturellen Homogenität Deutschland im Sinne der Abendländischen Form des Christen- und Judentums. Daher ist das Tragen von Hidschab, Niqab und Co. am Arbeitsplatz, sei es im öffentlichen Dienst oder in der freien Wirtschaft, untersagt. Entsprechende Regelungen werden in das Dienst- und Arbeitsrecht aufgenommen. Im öffentlichen Raum ist nur das Tragen von Kopftüchern erlaubt. Kopfverhüllungen die das Gesicht bedecken, sind verboten. Obwohl im öffentlichen Raum erlaubt, werden Kopftücher jedoch als Assimilationsverweigerung gewertet und stehen somit einer Einbürgerung im Weg.

Das Baden mit Burkinis ist aus hygienischen Gründen untersagt. Halal-Schlachtungen sind verboten und die „Halal-Kennzeichnung" von Lebensmitteln wird abgeschafft. In Kindergärten und anderen Einrichtungen mit allgemeiner Verpflegung wird landesübliche Kost, darunter auch Schweinefleisch serviert. Sämtliche Schüler- und Schülerinnen haben am allgemeinen Turn- und Schwimmunterricht teilzunehmen. Verstöße gegen die vorgenannte Regelung ziehen Bußgelder nach sich, die mit jedem Verstoß höher ausfallen. Bei hartnäckigen und fortgesetzten Verstößen wird die Aufenthaltserlaubnis widerrufen und die Familie muss Deutschland verlassen.

16. Rechtsprechung und Strafvollzug

Der Sühnegedanke und der Schutz der Allgemeinheit vor weiteren Straftaten durch den Verurteilten stehen künftig sowohl in der Rechtsprechung als auch im Strafvollzug im Vordergrund. Die Strafmündigkeit wird auf 12 Jahre herabgesetzt. Zum Schutz der Allgemeinheit vor strafmündigen Intensivtätern können Dauerarreste eingeführt werden. Entsprechende Einrichtungen werden geschaffen. Alle Personen ab 18 Jahren sind ausnahmslos nach Erwachsenenstrafrecht zu verurteilen.

17. Kündigung des Vertrages von Lissabon

Die Bundesrepublik kündigt den Vertrag von Lissabon. Sie bietet der EU Neuverhandlungen mit dem Ziel eines Europas der Vaterländer mit einer Rückverlagerung von Kompetenzen auf die Nationalstaaten an. Die Bundesrepublik tut dies im Einklang mit gleichgesinnten Regierungen anderer EU-Staaten. EU-Richtlinien werden künftig nur noch umgesetzt, wenn sie zum Geist und den Zielen der deutschen Verfassung nicht im Widerspruch stehen. Das gilt auch für die Annahme von EU-Verordnungen. Eine Kommission überprüft die bisher umgesetzten EU-Richtlinien und Verordnungen auf ihren Nutzen, bzw. Schaden für Deutschland. Nachteilige werden per Gesetz aufgehoben.

18. Bildungssystem

Der Bund erhält die Zuständigkeit über die Bildung. Alle Bundesländer führen ein einheitliches, dreigliedriges Schulsystem nach dem Vorbild Bayerns ein. Zur Disziplinierung von Störern innerhalb der Schülergemeinschaft können in Zukunft Stunden- oder Wochenendarrest verhängt werden. Jede Schule wird mit entsprechenden Räumlichkeiten ausgestattet. Sicherheitspersonal an Problemschulen setzt die Maßnahmen wenn nötig auch mit unmittelbarem Zwang durch. Integrations- und assimilationsfeindliches Verhalten von Schülern mit nichtdeutscher Staatsbürgerschaft kann zur Aufkündigung der Aufenthaltserlaubnis für die gesamte Familie führen. Damit werden die Eltern angehalten, ihre Kinder zu disziplinieren. Lehrer achten darauf, dass deutschstämmige Schüler durch ihr Verhalten ihren ausländischen Mitschülern die Assimilation erleichtern. Konträres Verhalten wird sanktioniert.

19. Die Rente

Schrittweise wird ein Rentensystem nach dem Vorbild der Niederlande eingeführt. Eine Mindestrente wird eingeführt, ggfs. durch Zuschüsse aus Steuermittel.

20. Geburtenziffer

Jedes Neugeborene, dessen Eltern und Großeltern die deutsche Staatsbürgerschaft besitzen oder zu Lebzeiten besaßen, erhält eine Willkommensprämie von 5000 Euro und bis zum 18. Lebensjahr ein nach Alter und Anzahl der Kinder gestaffeltes monatliches Fördergeld, das bis zu 400 Euro pro Kind ausmachen kann. Das reguläre Kindergeld wird um die Hälfte gekürzt. Diese Maßnahme bleibt bestehen, bis die Geburtenziffern bei indigenen Deutschen 20 Jahre lang über dem Erhaltungswert liegen. Kindergeldzahlungen ins Ausland werden abgeschafft.

21. Abwanderung der Hochqualifizierten

Forschung und Wissenschaft werden von Bürokratie entlastet, Genehmigungsverfahren verkürzt und staatliche Forschungsgelder massiv erhöht. Ins Ausland abgewanderte deutsche Spitzenwissenschaftler werden mit hochdotierten Posten an Universitäten und Forschungseinrichtungen zur Rückkehr in ihr Heimatland animiert. Fachkräfte aus der EU und anderen westlichen Ländern werden angeworben. Als Anreiz dient ein mischfinanziertes Trennungsgeld zusätzlich zum Lohn, bzw. eine mischfinanzierte Eingliederungshilfe für ausländische Fachkräfte und ihre Familien, wenn diese mitgebracht werden. Ein entsprechendes Einwanderungsgesetz wird beschlossen. Dieses beinhaltet einerseits hohe Ansprüche Deutschlands an die Einwanderer, aber andererseits auch eine großzügige Förderung, Assimilationswille vorausgesetzt. Neben kostenlosem Sprachunterricht für den Facharbeiter und seine Familie werden auch Fortbildungsmaßnahmen gewährt. Angeworben wird nur in Ländern, wo keine Schwierigkeiten bei der Eingliederung in die deutsche Gesellschaft zu erwarten sind.

22. Nullzinspolitik

Eine Kommission aus neutralen Sachverständigen prüft den Ausstieg aus dem Euro.

23. Energiesektor

Die Laufzeit der Kernkraftwerke wird um 15 Jahre verlängert und in dieser Zeit ein schlüssiges Konzept für die künftige Energieversorgung ausgearbeitet. Die Förderung für erneuerbare Energien wird ersatzlos gestrichen. Bestehende Förderungen bleiben unangetastet.

24. Polizei

Die in manchen Bundesländern geltende Regelung, auch Nichtdeutsche in den Polizeidienst zu berufen, wird abgeschafft. Polizeibeamten mit Migrationshintergrund, die durch ihr bisheriges

Verhalten Anlass zum Zweifel an ihrer Loyalität zum deutschen Staat gegeben haben, werden nicht zu Beamten auf Lebenszeit ernannt und einem Prüfungsverfahren unterzogen, das als Ergebnis die Entfernung aus dem Dienst nach sich ziehen kann. Disziplinloses Verhalten gegenüber Kollegen, Vorgesetzten, sowie dem polizeilichen Gegenüber kann ebenfalls mit der Entlassung aus dem Polizeidienst geahndet werden. Alle Beamten müssen sich vor der Ernennung zum Beamten auf Lebenszeit einem verschärften Leistungstest, vor allem in der deutschen Sprache (Wort und Schrift) unterziehen. Sie haben zweimal die Möglichkeit, die Prüfung abzulegen. Fallen sie beide Male durch, werden sie entlassen. Konsequentes Einschreiten gegenüber Störern und Straftätern und die „Bayerische Art des Hinlangens" werden zur Einsatzdoktrin erhoben. Die Beamten erhalten die volle Rückendeckung von Staat und Justiz.

25. Target-2

Deutschland verlässt umgehend die Target-2 Verrechnungssysteme. Ab sofort werden alle Importe deutscher Firmen aus Euro-Staaten, an die eine Target-2 Forderung besteht, mit dieser verrechnet. Deutschland verhandelt mit dem Ziel, innerhalb von 10 Jahren die Target-2 Forderungen i. H. v. einer Billionen Euro schrittweise auf null abzubauen.

26. Griechenland

Deutschland beteiligt sich nicht mehr an künftigen Rettungspaketen für Griechenland.

27. Nettozahler an die EU

Die deutschen Zahlungen an die EU werden neu verhandelt. Was damals Margaret Thatcher konnte („Briten Rabatt"), das sollte der deutschen Regierung auch möglich sein.

28. Autoindustrie

Die Grenzwerte der Schadstoffe in der Luft werden von einer unabhängigen, unparteiischen und nicht ideologischen Expertenkommission neu festgelegt.

29. Wohnungsmarkt

Großflächiger Einstieg des Staates in den sozialen Wohnungsbau. Bei der Vermietung haben deutsche Staatsbürger Vorrang vor Ausländern. Die Zusage junger Familien, mehrere Kinder zu bekommen, verschafft einen Vorteil bei der Wohnungsvergabe. Wenn aus nichtmedizinischen Gründen diese Zusage nicht erfüllt wird, kann die Wohnung wieder entzogen werden.

30. Gender Wahnsinn

Rückkehr zur Rechtschreibung vor der Rechtschreibreform mit allen Konsequenzen, inklusive Abschaffung des Gender Sternchens (* innen). Mit dem generischen Maskulinum deckt die deutsche Sprache beide Geschlechter ausreichend ab, wie sich in vielen Jahrhunderten Sprachgebrauch gezeigt hat. Sämtlich staatlich finanzierte Lehrstühle für „Gender Studies" werden aufgelöst. Die Lehrpläne an den Schulen und die Erziehung in den Kindergärten werden entsprechend bereinigt.

Einige Gedanken zum Schluss

Selbstverständlich sind die 30 Punkte des „Alternativen Masterplans für Deutschland" nur als grobe Kontur eines Gemäldes, das man erst noch bis ins kleinste Detail ausarbeiten müsste, zu verstehen. In der Praxis würde sich sicherlich jede Menge Hindernisse bei der Umsetzung ergeben, aber wie schon gesagt: „Geht nicht, gibt's nicht!".

Und auch wenn dieser Masterplan wohl nie Realität werden wird: Vielleicht liest ihn ja jemand, der später einmal in unserem Land in Regierungsverantwortung kommt und erinnert sich an den einen oder anderen Punkt.

Die hier vorgestellten Maßnahmen bewegen sich alle noch innerhalb der Grenzen der freiheitlich demokratischen

Grundordnung. Wenn jedoch die Probleme noch größer werden, lassen sie sich womöglich nicht mehr mit einer solchen Rechtsordnung lösen. Das wäre eine Katastrophe für unser Land. Deshalb sollte jetzt etwas geschehen.

Range im Detail

Zunächst eine Frage: Was halten Sie von „Der Alternative Masterplan für Deutschland"? Ist es notwendig in diese Richtung zu denken und zu handeln?

Ist der Masterplan Ihrer Ansicht nach überflüssig, dann bleibt alles wie es ist. Die von mir in meiner Buchreihe „Untergang des Abendlandes, gefühlt ab 2015" angeführten vier Gefahren (Islam, Informationstechnik, Verweichlichung und Verrohung, Überbevölkerung) für die nächsten hundert Jahre nehmen Sie dann billigend in Kauf. Bedenken Sie bitte, dass diese Gefahren, in denen wir uns jetzt schon befinden schleichend Raum einnehmen, ohne, dass Sie es bemerken. Ich sage nicht, dass der Masterplan sich als neues Evangelium zeigen wird, nur, Nichtstun geht nicht. Leider bemerken viele Menschen erst dann ein nicht mehr umkehrbares Problem, wenn es richtig schmerz. Leider tragen viele Menschen selbst zum Risiko bei. Ganz einfach formuliert: Eine Kultur fällt aus zwei Gründen auseinander. Zum einen durch Einflüsse von außen, Beispiel Indianer, zum andern aus dem Inneren, Beispiel Drittes Reich. Wobei ich letzteres nicht als Kultur ansehen möchte. Glauben Sie, dass der Masterplan oder ähnliches Gedankengut erforderlich ist, so verfügen Sie über einen gewissen Weitblick, Sie können sich Auswirkungen abstrakt vorstellen. Ich behaupte nicht, dass die Negativzeilen alle eintreten, die Wahrscheinlichkeit ist aber sehr hoch. Es ist hilfreicher vorbereitet zu sein, als Augen zu. Ersterer repräsentiert den Weitdenker, Zweiterer gehört dem Flachdenkertum an.

Das Dritte Reich hat deutliche und nachhaltige Spuren hinterlassen, die auch immer wieder national und international aufgefrischt werden. Betrachten Sie bitte einmal Deutschland mit Negativtaten im Dritten Reich und betrachten einmal die Eroberung Nordamerikas durch europäische Staaten. Kriege wurden seit Menschengedenken geführt, machen Sie sich einmal ein Bild von all diesen Kriegen in der Vergangenheit, rund um den Erdball. Dabei sollte interessieren wie lange ein Krieg gedauert hat und wie viele Opfer er mit welcher Brutalität verursacht hat. Wenn Sie sich darüber ein Bild gemacht haben, dann reden wir noch einmal über das Dritte Reich. Wie stehen Sie zu folgender Aussage? „Der Geist dieses Landes wurde zerstört durch das Einprügeln auf die Jugend mit den Sünden ihrer Vorfahren." Um es klar zu sagen, ich verurteile auf das Schärfste die Gräueltaten der Dritten Reiches.

Wenn Sie mehr zu „ja" tendieren, dann dürfte die Richtung weitgehend der Realität entsprechen. Vertreten Sie mehr die Meinung „nein", dann fragen Sie bitte andere Nationen ob sie auch ihre Schanden sich immer wieder vor Augen halten. Dies alles ist keine Wertung.

Denken Sie, dass sich die oben gemachte Aussage mehr positiv oder mehr negativ auf das Bewusstsein der Menschen in Deutschland auswirkt?

Um es vorweg zu schicken, es hat beides seine Berechtigung. Mit der positiven Sichtweise sollen bestialische Wiederholungen aus dem Dritten Reich verhindert werden. Die negative Tendenz besagt eine Schwächung des Selbstvertrauens eines Volkes, wir Nachfahren haben die Taten nicht begangen.

Wir haben in den vergangen Jahren eine hohe Anzahl an Menschen aufgenommen, die illegal nach Deutschland eingereist sind. Es sind im Wesentlichen Kriegsflüchtlinge, Wirtschaftsmigranten und Kriminelle. Keiner kennt die Anteile, es kennt auch niemand die Hintergründe und Absichten. Vor dieser Sachlage fordern einige Fragen klärende Antworten. Ich sage es vorweg, die Politik wird und kann ein Großteil der sich aus dem

Zustrom an Menschen ergebenden Fragen nicht beantworten. Was denken Sie? Entsteht ab einer gewissen Anzahl an Zugereisten ein Schaden für Deutschland? Bitte beziehen Sie in Ihre Überlegungen mit ein: Kosten, Kriminalitätsrate, Bildung, Sprachkenntnisse, Kultur, Mentalität, usw.

Sollten Sie sich für gering entscheiden, dann erhalten Sie in den nächsten Tag eine Aufnahmebestätigung in den Club der Flachdenker. Deutschland hat ca. 80 Millionen Einwohner, davon haben mehr als 20 Millionen einen Migrationshintergrund. Würde Deutschland weitere 80 Millionen Afrikaner theoretisch aufnehmen, glauben Sie allen Ernstes, dass dies gut gehen wird? Mit dieser Einstellung sind Sie ein Risiko für den friedlichen Fortbestand dieses Landes. Die Einschätzung in Richtung „hoch" besagt, dass das Risiko des inneren Friedens mit zunehmender Anzahl an Zugereisten steigt. Dies hat nichts, aber auch gar nichts mit Rassismus zu tun, es ist reine Mathematik mit psychologischem und soziologischem Hintergrund.

Von vorne

Aber lassen Sie uns ganz vorne beginnen. In Afrika werden zwei Löwenbabys gesund von einer gesunden Löwenmutter geboren. Das

Löwenrudel umfasst vierzehn Tiere, die gut miteinander leben, jagen und Babys aufziehen. Unsere zwei Babys werden gesäugt und gedeihen prächtig, sie halten sich immer in der Nähe der Mutter auf, denn die ist ihre Lehrerin. Bei den Menschen zeigt sich dieses Verhalten nicht viel anders. Die Mutter ist und bleibt in den ersten Monaten, besser Jahre, die wichtigste Bezugsperson. Von ihr lernen die Kinder die ersten Worte, sie werden in ihren Bewegungsversuchen unterstütz und Gefahren werden abgewendet. Dies ist ein Naturgesetz. Nicht umsonst haben wir einen Mutterschutz. Wir haben tatsächlich in unserem Staat Individuen, die dieses beschriebene Naturgesetz für überflüssig und veraltet halten.

überflüssig	Mutter- und Kindesschutz	erforderlich

Wenn Sie den Mutter- und Kindesschutz für überflüssig halten, sind Sie kein Flachdenker, Sie sind krank. Warum sind Sie krank? Es liegt entweder an Ihrem Erbgut oder an Ihrer Erziehung, dies kann auch fehlgeleitete Ideologie oder Fanatismus sein. Sie sind mit dieser Einstellung, ohne sich die Mühe zu machen sie näher zu ergründen, höchst gefährlich in einem weitgehend moralisch ausgeprägten Staat. In der deutlichen Mehrzahl aller Kleinkinder ist der enge Kontakt zur Mutter vorteilhaft bis notwendig. Ein Kind zu bekommen und nach sechs Wochen an eine Nanny abzugeben, nur um weiter in der Politik ein großes Rad zu drehen, ist nicht nur höchst egoistisch, sondern auch höchstwahrscheinlich nachteilig für das Kind. Haben Sie keine Kinder, so erinnern Sie sich an Ihre Kindheit, denn die haben Sie auch einmal durchlaufen.

Ein Kind kommt dann unweigerlich in ein Alter, in dem es eine eigene Persönlichkeit entwickelt, ich schätze zwischen zwei und vier Jahren. Da will das kleine Menschlein auch schon mal seinen Willen durchsetzen und die Grenzen ausloten. Wie verhalten sich dann die Eltern?

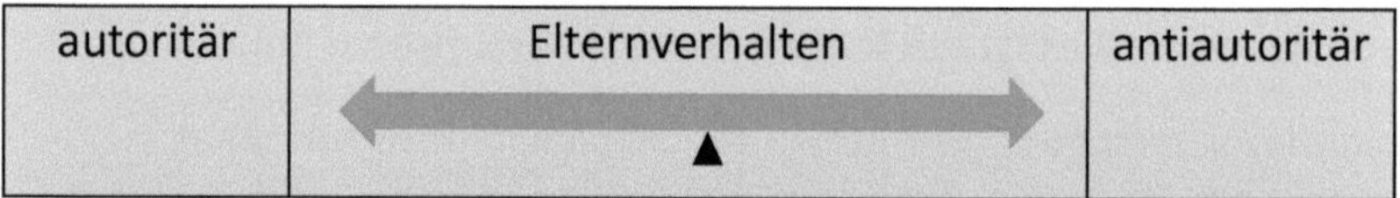

Beide Extreme tun dem Kind nicht gut. Hier ist der Mittelweg das Maß aller Dinge. Erziehen Eltern ein Kind autoritär, so liegt dies wahrscheinlich in der Kindheit der Eltern begründet. Wurde womöglich ein Elternteil in seiner Kindheit und Jugend grundlos geschlagen, so ist es möglich, dass die Eltern sich ebenso verhalten. Ein ständiges Anschreien des Kindes deutet auf ein völlig nicht ausbalanciertes Emotionsleben hin. Oft geht das Berufsleben mit diesem Verhalten einher.

Es ist ebenso falsch ein Kind antiautoritär zu erziehen. Ein Kind muss die Grenzen spüren. Wie soll ein Kind sich später im Berufsleben behaupten, wenn es nicht daran gewöhnt wurde mit „nein" umzugehen. Bei dem geringsten Widerstand rastet es aus oder fällt in einen depressionsartigen Zustand, es ist wie gelähmt. Oft sind auch Eltern gar nicht in der Lage einem Kind etwas vorzuleben, oder sind völlig verunsichert Kritik zu üben. Das Kind wird so gesehen oft zum Selbstläufer, es hat keine Orientierung an den Eltern. Wo sonst bekommt das Kind die ersten Wegweisungen als von den Eltern. Von Geburt an hat das Kind dies nicht.

Die Kinder werden heute sehr früh mit Computern konfrontiert. Ich selbst habe meinen Kindern im Schulalter PC´s zur Verfügung gestellt um beispielsweise mit Tetris zu spielen. Da in meiner Firma viele Computer, auch ältere, zur Verfügung standen, war dies alles kein Problem. Mein Sohn hat sich einige Jahre später das Programmieren selbst beigebracht. Der Umgang mit den Computern hat meinen Kindern sicherlich einen Vorteil gegenüber den Gleichaltrigen verschafft. Die von uns Eltern nicht gern gesehenen Ballerspiele waren irgendwann wie von Geisterhand auf den Computern installiert. Halten Sie Ballerspiele für Kinder für gefährlich oder ungefährlich?

ungefährlich	Ballerspiele	gefährlich

Das amerikanische Militär nutzt „Ballerspiele" in der Ausbildung bestimmter Soldatengruppen, um die Hemmschwelle des Schießens, besser gesagt des Tötens, zu verändern. Der Soldat soll sich an das Töten gewöhnen, sonst kann er im Kriegsfall nicht eingesetzt werden. Tatsächlich verändert sich die Hemmschwelle dahingehend, dass der Schütze weniger Skrupel beim Schießen auf einen Menschen hat. Bei Kindern verhält es sich genau so, ohne

Einschränkung. Eltern, die ihre Kinder bedenkenlos mit dem Computer spielen lassen, handeln verantwortungslos. Sicherlich ist auch dabei zu bedenken, dass nicht jedes Kind gleich anfällig auf das „Ballern" reagiert. Haben Sie sich die Schulhöfe vor vierzig Jahren in den Pausen angesehen, und heute? Es ist ein Unterschied. Meine Kinder haben von selbst Ballerspiele irgendwann nicht mehr benutzt.

Mögen Sie Musik? Ich ja, denn ich habe viele Jahre in einer Jazzband als Schlagzeuger Krach machen dürfen. Im Allgemeinen bringt Musik den Zuhörer in eine angenehme und friedliche Stimmung. Viele Lieder handeln von Liebe und Zuneigung mit harmonischen Melodien. Das Schöne an der Musikvielfalt ist, dass sich jeder nach Stimmung und Gusto das aussuchen kann was er im Moment mag. Kennen Sie Rap-Musik? Halten Sie diese Musikrichtung für partiell gefährlich oder ungefährlich?

ungefährlich	Rap-Musik	gefährlich

Ein erheblicher Teil der Rap-Musik verherrlicht Gewalt. Dieser, zum Teil, Sprechgesang, hebt sich deutlich von allen anderen Musikrichtungen ab, aber zum Nachteil. Auch hier wird dem Zuhörer etwas vorgebetet, das er in der Masse als sein Eigen schnell annimmt.

Trinken Sie gerne Champagner oder ein anderes Getränk Ihrer Wahl? Ich bleibe bei dem Genuss von Champagner. Hat Ihr

Champagner eine gute Qualität, so dürfen Sie ohne Bedenken einen Eiswürfel dazu geben, er kühlt und löst sich langsam auf. Geben Sie nach einer Zeit einen zweiten und später einen dritten Eiswürfel hinzu, so werden Sie bemerken, dass bald der Champagner Ihnen nicht mehr schmeckt. Anderes Beispiel:

Sie wollen in Ihrem Garten einen festinstallierten Grill aus Beton bauen. Zement, Sand, Wasser und Metallwanne liegen bereit, es kann losgehen. Es ist Sonntag und Sie beginnen den Beton für den Unterbau zu mischen. Schell merken Sie, dass Sie zu wenig Zement für das gesamte Vorhaben eingekauft haben. Der Unterbau ist fertig und es muss sofort mit dem ersten Überbau begonnen werden bevor der Beton aushärtet. Zement ist heute nicht mehr zu bekommen, also verlängern Sie den Beton mit Sand. Für den zweiten Überbau müssen Sie wieder mit Sand verlängern. Sehen Sie irgendwann ein Risiko in der Stabilität des Grills.

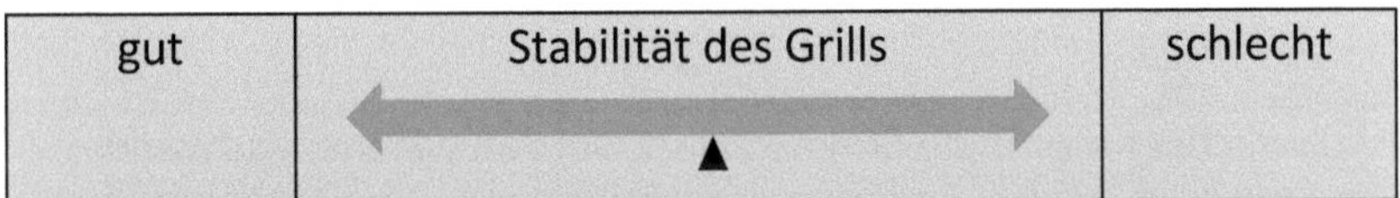

Nachdem Sie dem Grill zwei Wochen Zeit zum Austrocknen gegen haben steht der erste Grillversuch an, die Gäste waren schon gespannt. Nachdem die Holzkohle die richtige Grilltemperatur erreicht hat bricht der erste und der zweite Überbau vom Fundament ab. Hätten Sie vorher gerechnet, wäre Ihnen diese Blamage erspart geblieben.

Champagner und Beton: Deutschland gilt als ein starkes Land, wobei ich persönlich den Begriff „stark" stark differenziere. Wir verfügen über ein weitgehend friedliches Zusammenleben, wir arbeiten im Team, unser Sozialsystem ist gut ausbalanciert, wer krank ist, dem wird geholfen, die Schulbildung ist ausgezeichnet, den Schwachen wird geholfen und hungern muss niemand. All dies muss auch finanziert werden, wird es auch durch Beiträge und Steuereinnahmen von Institutionen, Bund, Ländern und Kommunen, also Ihre Steuer und Ihre Beiträge. Es gibt Länder auf diesem Erdball, das keines der aufgeführten Eigenschaften aufweisen können. Die Menschen in diesen Ländern kennen zum Teil nichts dergleichen. Champagner – Beton – Deutschland, gleiche Verwässerung. Glauben Sie, dass es ein Problem für einen Großteil dieser Menschen sein wird, sich in Deutschland zu integrieren?

ja	mögliches Integrationsproblem	nein

Zunächst müsste die Frage geklärt werden welcher Aufwand dieser Zuwanderer ableisten muss um sich zu integrieren und ob er dies will. Hier gilt, wie bei vielen Menschen, „Was Hänschen nicht lernt, lernt Hans nimmermehr". Bedenken Sie bitte, dass ich hier ein Land beschrieben habe, dies trifft auf andere in ähnlicher Weise und in abgeschwächter Form zu.

Glauben Sie, dass ab einer gewissen Anzahl Zugereister aus anderen Kulturen, Deutschland, so wie wir es kennen unter geht?

Sie geben mir sicher Recht, wenn ich behaupte, dass Deutschland und die westlichen Länder nicht nur leistungsorientiert sind, sondern auch Leistung erbringen. Schauen Sie sich Deutschland an. Wenn die Länder aus den die Asylanten, Flüchtlinge und Wirtschaftsflüchtlinge kommen die gleiche Leistungsfähigkeit aufweisen würden wie Deutschland, dann würden diese Länder anders dastehen. Schauen Sie sich diese Länder an. Nun komme ich auf mein Champagner- und Beton-Beispiel zu sprechen. Glauben Sie allen Ernstes, dass dieser Zustrom sich als Bereicherung zeigen wird, jetzt, in zehn Jahren und in dreißig Jahren? Ich sage nicht, dass darunter Menschen sind, die Leistung nicht erbringen wollen und auch die Absicht haben sich zu integrieren. Ab einem gewissen Prozentsatz wird wie der Champagner verwässert, der Beton nicht tragfähig ist, Deutschland seine Produktivität langsam und schleichend verlieren. Auch hier sage ich nicht, dass dies eintritt, ich sage nur es tritt ab einem gewissen Prozentsatz der Zugereisten ein.

Eine Studie der Harvard Universität besagt, wenn ein westliches Land mehr als 25 % Islamgläubige als seine Einwohner innehat, so ist eine Ent-Islamisierung nicht mehr rückgängig zu machen. Dies zum Thema Islamisierung.

Bleiben wir bei den Beispielen Champagner und Beton. Stellen Sie sich einen theoretischen Extremfall vor, hier, um

Zusammenhänge zu verdeutlichen. Ein Gymnasium, sagen wir in Frankfurt, muss für ein Jahr in den entsprechenden Jahrgangsklassen eine erhebliche Anzahl Schüler mit Migranten aufnehmen. Es komme mir bitte jetzt niemand mit dem ideologischen Auswurf: „Diskriminierung der Grundschüler oder Migranten", hier geht es um Realität. Während sich die durchschnittliche Note der Gymnasiasten über alle Fächer hinweg um 2,1 bewegte, hat sich dieser Durchschnitt nach dem Zugang der Grundschüler, nur bei den Gymnasiasten, verändert. Was denken Sie, wie sich die Durchschnittsnote verändert hat?

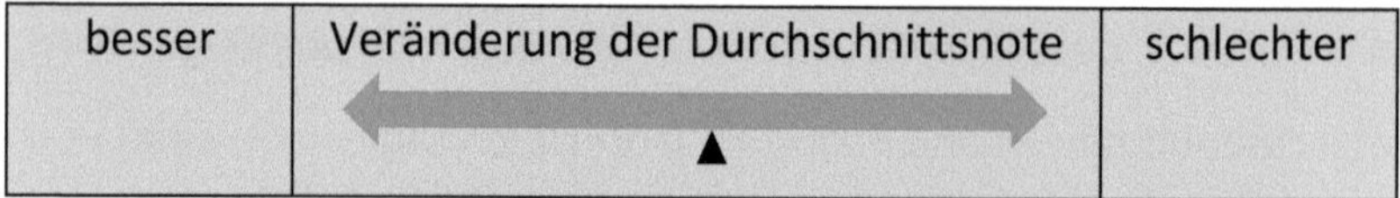

Man muss wohl niemand erklären, dass der Gymnasiast, im gleichen Alter, einen höheren Bildungsstand und Sprachkenntnisse aufweist als der durchschnittliche Migrant. Der Lehrer steht vor einer riesigen Herausforderung, er muss beide Gruppen Schüler unterrichten, am besten mit dem Versuch ein einheitliches Bildungsniveau zu erzielen. Der Gymnasiast wird ausgebremst, er ist unterfordert. Nach einem Jahr hat sich die Durchschnittsnote des Gymnasiasten auf 3,2 verschlechtert. Warum: Der Lehrer hat sich dem allgemeinen Bildungsstand der Schüler insgesamt angepasst. Für den gelangweilten Gymnasiasten ist der Lehrstoff leichter geworden und trotzdem hat sich die Note verändert.

Hat sich aus ihrer Sicht das gesamte Bildungsniveau des Gymnasiasten verändert, ist es schlechter oder besser als vor dem Zugang der Migranten?

Das allgemeine Bildungsniveau des Gymnasiasten ist schlechter geworden, weil der Lehrinhalt einfacher wurde. Für den Migranten haben sich die Anforderungen des Lehrstoffes erhöht, viele sind nicht mitgekommen. Für beide Schülergruppen also kein gutes Konzept.

Wird nun der Anspruch des gesamten Lehrstoffes erleichtert, so hat dies direkte Auswirkung auf Noten, Prüfungen und Zulassungen. Der Gang zur Universität wird erleichtert, ebenso die Abschlüsse. Wirkt sich dies alles auf das gesamte Bildungsniveau eines Staates und auf die Leistungsfähigkeit der Bevölkerung aus?

Dieses Modell ist schon nicht mehr rein theoretisch, denn es sind Bestrebungen zu erkennen, die die Bildung beeinflussen.

Nun kommen hunderttausende illegale Zuwanderer, die als legal behandelt werden, aus den unterschiedlichsten Gründen nach Deutschland. Wie schon festgestellt, haben diese Menschen nicht unser Leistungs- und Bildungsniveau im Durchschnitt. Zum Großteil sind sie es nicht gewöhnt konstante Leistung zu erbringen. Viele sind Analphabeten. Dies alles sind Feststellungen und keine Diskriminierungen, schon gar kein Rassismus. Diese neuen Jugendlichen besuchen hier die Schulen. Der Flachdenker mag sich die Konsequenzen nicht ausmalen, der Weitdenker schon.

Glauben Sie die folgende Aussage? Ich bin Lehramtsstudentin in Berlin und habe in den letzten 4 Wochen mein Unterrichtspraktikum an einer Berliner Schule mit 80 % Ausländern gemacht. Ich war geschockt. Ich wurde u.a. als deutsche Schlampe bezeichnet. 80 % (in Worten achtzig Prozent) aller Lehrer an dieser Schulen sind selbst Opfer von Deutschfeindlichkeiten geworden. Von 115 Lehrern wurden 67 % beschimpft, weil sie Deutsche sind, 17 % wurden sogar gewalttätig angegangen. Dies ist kein Einzelfall in einer Schule. Glauben Sie es oder nicht?

ja	Deutschfeindlichkeit glaubwürdig	nein
	⬅———➤	

Ich mache es kurz, es stimmt, es wurde in unterschiedlichen Medien veröffentlicht. Nur der Flachdenker glaubt hier noch an eine durchgängig friedliche und machbare Integration. Es wurden nicht nur Lehrer gemobbt, sondern auch deutsche Schüler. Es kann sich jeder ausmalen was aus einer solchen Duldung in zehn Jahren entwickeln wird. Lehrer und deutsche Schüler in dieser Schule haben schlichtweg Angst. Verkünden die Lehrer diesen Missstand, so werden sie in die rechte Ecke gestellt und als Nazi bezeichnet, auch von deutschen Bürgern. Deutsche Schüler werden als

Schweinefleischfresser beschimpft, und dies ist noch moderat. Das kann doch nicht in Ordnung sein.

Wir alle kennen den deutschtürkischen Journalisten Deniz Yücel. Er wurde in der Türkei einige Wochen inhaftiert, wegen …(fadenscheinige Gründe sind zu vermuten). Fast die gesamte deutsche Politik und die Medien haben sich für die Freilassung stark gemacht, er wurde entlassen. Einige Wochen vor Yücels Verhaftung hat er folgendes weitverbreitet publiziert, seine Meinung: „Der baldige Abgang der Deutschen ist Völkersterben von seiner schönsten Seite. Mit den Deutschen gehen nur Dinge verloren, die keiner vermissen wird. Etwas Besseres als Deutschland findet sich allemal." Von diesem Schlag hat Yücel noch mehr veröffentlicht. Der ehemalige Bundeminister Sigmar Gabriel hat zu Yücel folgendes geäußert: „Deniz Yücel ist ein deutscher Patriot." Dies alles ist in den bekannten Medien nachzulesen. Finden Sie es richtig, dass sich Deutschland so für Yücel eingesetzt hat?

Yücel hat einen deutschen und einen türkischen Passe, er ist aber unbestritten von der Herkunft mit Erziehung und Gene Türke und nicht Deutscher. Wie kann ein Land wie Deutschland, das so sehr von einem Menschen verunglimpft und beschimpft wird sich so für diesen Menschen einsetzen? Warum lebt Yücel in Deutschland? Auf welchem moralischen und menschlichen Niveau müssen

Menschen sich bewegen, die einem Feind ein Messer in die Hand geben und sagen „stich zu".

Dezember 2017: „73-JÄHRIGE SCHWEBT IN LEBENSGEFAHR, Unfassbares VIDEO: Afrikaner tritt Pensionistin fast zu Tode!" Was ist nur in Deutschland los? Ein unglaublicher Fall aus Nürnberg sorgt nun für blankes Entsetzen in den sozialen Medien! Ein 24-jähriger Mann aus Kamerun hat eine 73-jährige Pensionistin offenbar „aus heiterem Himmel" angegriffen, sie lebensgefährlich verletzt.

Der Mann war lediglich mit einer Unterhose bekleidet, spazierte zuvor fast nackt auf der Michael-Ende-Straße in Nürnberg.

Plötzlich attackierte er die mutmaßlich zufällig angetroffene Pensionistin auf brutalste Weise. Er schlug sie – wie auf einem bisher offiziell nicht bestätigten Video zu sehen ist – zu Boden.

Von diesen und ähnlichen Nachrichten gibt es hunderte. Ist es richtig diese Vorgänge in den Medien zu publizieren und ganz klar Ross und Reiter zu nennen, immer vorausgesetzt, dass der Wahrheitsgehalt sehr hoch ist?

ja	Schandtaten publizieren	nein

Von diesen und ähnlichen Schandtaten werden viele registriert oder wurden im dunklen verübt. Kein Mensch möchte ständig Negativnachrichten hören, es verdirbt einfach die gute Laune und einhergehend auch die Lebensqualität. Aber auf der anderen Seite, wie kann ich mir ein Bild über das reale Geschehen in unserem Land machen, wenn man mir diese Informationen vorenthält? Das Flachdenkertum und das Gutmenschentum werden durch den Informationsentzug gefördert. Dies ist leider so, ohne hier eine Wertung auszusprechen.

Ein Artikel aus der FAZ vom 20.08.2018: Der Afghane Mansor S. war der Hamburger Polizei schon lange bekannt, seine Straftaten hatten mehrere Einträge (Beleidigungen, Körperverletzung, …). Er wurde auch schon verurteilt. Vor wenigen Wochen kam eine weitere mutmaßliche Straftat hinzu, er wird beschuldigt ein 14-jähriges Mädchen missbraucht zu haben. Warum wurde er nicht abgeschoben? *Weil alles mit rechten Dingen zuging.* Die Ausländerbehörde stellte sechs Anfragen an die Hamburger Staatsanwaltschaft, eine für jedes Verfahren. In fünf Fällen wurde der Abschiebung zugestimmt, in einem Fall nicht. Im sechsten Fall hat Mansor S. einen Mann attackiert, mit dem Messer bedroht und ausgeraubt. Er wurde verhaftet, ohne Bewährung. Sein Anwalt legte Revision ein, die Verurteilung wurde aufgehoben. Ein neuer Prozess begann. Er wurde auf freien Fuß gelassen, da keine Fluchtgefahr bestand. Er durfte nicht abgeschoben werden, ein alltägliches Problem. Soll Ihrer Ansicht nach das Eingreifen von Polizei, Justiz und Behörden der neuen Gefahrenlage angepasst werden, schnell, zügig und ohne übertriebe Nachsicht?

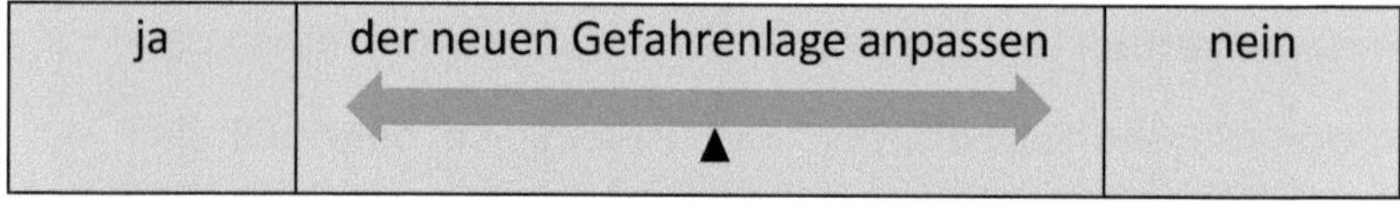

Kommt es zu keiner deutlichen Anpassung, so werden Polizei, Justiz und Behörden sich nicht mehr vor Arbeit retten können, denn diese Verbrechen nehmen zu. Die Sanftmut Deutschlands stellt keine spürbaren Grenzen auf, dies wird in vielen kriminellen Kreisen belächelt. Eine konsequente Anpassung tut niemand weh, es zeigt nur den möglichen Kriminellen klar und deutlich auf mit was sie zu rechnen haben, wenn sie wiedermal zuschlagen. Der Staat verschafft sich somit Respekt und wird sein Larifari verlieren. Der Gutmensch sollte im Rahmen seines Horizontes bedenken, dass das vergewaltigte Mädchen seine Tochter hätte sein können.

Es sind in Deutschland zwei Strömungen zu erkennen, die einen wollen Deutschland abschaffen, und sagen es auch, die anderen wollen Deutschland erhalten. Hier Aussagen von Frau Roth, Die Grünen: „Die Türken haben Deutschland nach dem Krieg aufgebaut." Offensichtlich gab es in Deutschland keine Deutschen. Weiter Frau Roth: „Die Vorfälle am Kölner Bahnhof kann man als Hilferuf aller Flüchtlinge werten, weil sie sich von deutschen Frauen sexuell ausgegrenzt fühlen." Martin Schultz: „Flüchtlinge sind mehr wert als Gold". Özoguz: „Sie plädiert für Wahlrecht auch für Migranten ohne deutschen Pass". Dr. Angela Merkel, 16. Juni 2005 zum 60-jährigen Bestehen der CDU in Berlin: „Denn wir haben

wahrlich keinen Rechtsanspruch auf Demokratie und soziale
Marktwirtschaft auf alle Ewigkeit". Und so weiter, und so weiter.
Was glauben Sie wie die Mehrheit der Deutschen denkt,
Deutschland abschaffen oder erhalten?

Wenn über ein gewisses Maß an Menschen hier in diesem Lande
die Meinung vertritt, Deutschland abzuschaffen, dann zeichnen sich
bürgerkriegsähnliche Zustände ab. Auch wenn Sie Jahrzehnte im
Frieden gelebt haben, Krieg kommt irgendwann wieder. Nicht nur
Atombomben, Granaten, Feuer, und biologische Waffen sind
Kriegsmittel, sondern auch eine Unzahl an Migranten, die ein ganzes
Land ab einer gewissen Anzahl überlaufen. Bisher gab es keine
Kontrolle, ich kann auch nicht die Absicht dazu erkennen.

Katholische Priester dürfen nicht heiraten – Sexverbot.
Evangelische Pastoren dürfen heiraten – Sex erlaubt. Soweit beide
Seiten hier vereinfacht dargestellt. Der Sexualtrieb ist bei Mensch
und Tier ausgeprägt, wäre er nicht vorhanden gebe es weder
Mensch noch Tier, er ist schlichtweg von der Natur gegeben. Es
treten immer mehr Missstände von Kindesmissbrauch zu Tage.
Kindesmissbrauch von katholischen Priestern. Halten Sie diese
Regelung, das Zölibat, der katholischen Kirche noch für zeitgemäß?

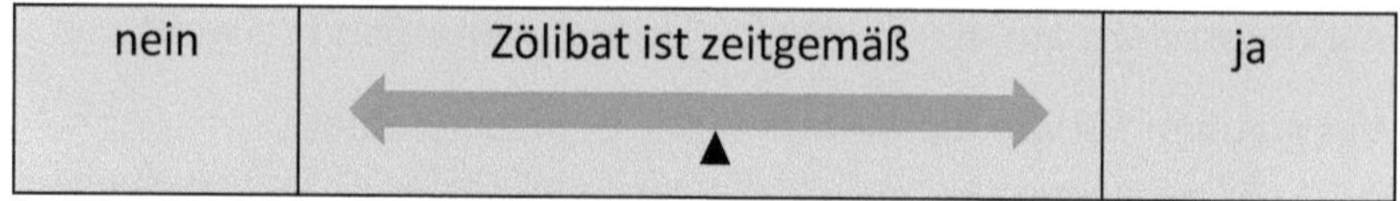

Hierüber sollten sich die älteren Herren im Vatikan Gedanken machen. Das Christentum verliert Anhänger, der Islam gewinnt Anhänger, heute.

Der Begriff Verunglimpfung ist gleichbedeutend mit Beschimpfung, Demütigung, Diffamierung, Herabwürdigung, Kränkung, Nachrede, Rufmord, Schmähung, Verletzung, Verleumdung. Es möchte niemand verunglimpft werden. Fühlt sich jeder Farbige wirklich verunglimpft, wenn er Mohr, Neger, Bimbo oder Schwarzer genannt wird. Oder gibt es auch Menschen, die nicht farbig sind, das aber so sehen wollen, vielleicht aus einem synthetischen Mitgefühl heraus? Diese oben genannten Begriffe sind in Hasstiraden entstanden, wenn beispielsweise ein Weißer einen Schwarzen im Zorn Neger genannt hat. So hat sich aus einem neutralen Begriff eine negative Bezeichnung eines Menschen entwickelt. Ein, von vielen Beispielen, soll das Gutmenschentum zu diesem Thema verdeutlichen.

In Frankfurt gibt es seit Jahrzehnten, eine Apotheke mit dem Namen „Mohren-Apotheke". Jahrzehnte hat sich niemand daran gestört, bis eine kleine Gruppe von Gutmenschen auf die Idee kam gegen diesen Namen vorzugehen, bemerkenswert, berufliche Beschäftigungen konnte bei dieser Gruppe nicht festgestellt werden. Sie haben protestiert und andere labile Menschen aufgestachelt sich dem Protest anzuschließen. Nach wenigen Wochen des immer wieder aufschwellenden Protestes trat plötzlich Ruhe ein. Denn die Familie des Inhabers der Apotheke trug seit Generationen den Namen Mohr.

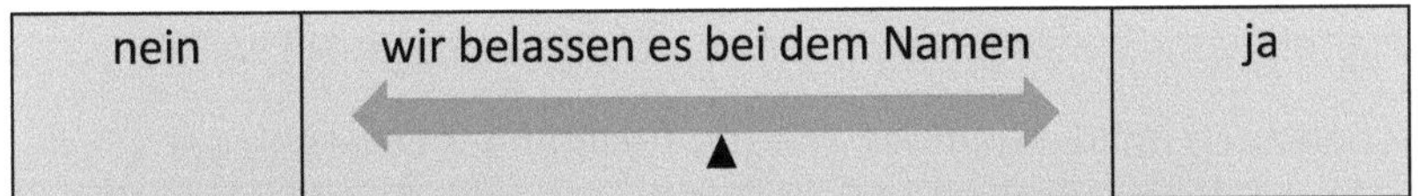

Wer dem Ansinnen dieser Gutmenschen und Retter der Schwachen nachgibt, gibt sich selbst auf, kurzfristig bring dies Befriedigung, mittel- und langfristig nicht.

Was halten Sie von der Aussage: „Wir werden ein leichtes Opfer sein für Menschen, bei denen das Recht des Stärkeren gilt"? Zwei Menschen treffen aufeinander, beide von gleicher körperlicher Statur. Der eine ist höflich und umgänglich, der andere aggressiv mit geballten Fäusten. Der erstere ist es gewöhnt sich gesellschaftlich geordnet und friedlich zu bewegen und zu bitten wenn er etwas möchte, der zweite ist es gewöhnt sich das zu nehmen was er möchte und dies mit Fäusten. Was denken Sie wer gewinnt, gleichgültig um welche Auseinandersetzung es sich handelt?

Höfliche	Gewinner ist der	Aggressive

Höchst wahrscheinlich wird sich das Faustrecht durchsetzen, es führt sehr schnell und unkompliziert zum Erfolg. Dem höflichen Menschen bleiben nur Worte und Argumente, die den aggressiven

Menschen nicht beeinflussen. Sie glauben es nicht, dass Menschen mit mehr oder weniger ausgeprägtem Faustrecht in unserem Staat präsent sind und ständig zunehmen? Dann sorgen Sie dafür; dass Sie das Flachdenkertum verlassen und sich der schmerzlichen, aber klärenden Realität zuwenden. Stellen Sie sich einmal diesem Aggressiven, Sie tun es nicht, denn Sie sind zu feige. Sie werden, wenn auch unangenehmer, mit der Realität auf Dauer besser fahren.

Es wollen alle einen 5-Sterne Urlaub für einen 1-Sterne Preis. Es wollen alle ein Rinderfilet für den Preis eines Schweineschnitzels. Es wollen alle für 15,- Euro nach Mallorca in der First-Class fliegen. Der Verbraucher, nicht nur der Hersteller oder Händler trägt entscheidend mit dazu bei, dass ein Wettlauf um die niedrigsten Preise entsteht. Glauben Sie, dass der Preis in aller Regel auch die Qualität bestimmt?

ja	Preis bestimmt Qualität	nein

Ich selbst war zehn Jahre Eigner eines Piper-Flugzeuges. Jedes Jahr musste der Flieger zur Jahresuntersuchung, dies war Pflicht, sonst wurde dem Flugzeug die Flugerlaubnis entzogen. Weitere und zusätzliche Inspektionen mussten bei Erreichen einer bestimmten Flugstundenanzahl nachgewiesen werden. Wartungen und Inspektionen waren teuer, teurer als bei einer Luxuskarosse. Der Nachteil eines Flugzeuges ist, dass es nicht einfach auf Wolke sieben landen und anhalten kann, es geht immer nach unten. Jetzt stellen wir uns einmal vor, dass an den Wartungsarbeiten gespart wird und dies über Jahre fortlaufend. Was denken Sie wohl, wenn der Propeller nicht richtig festmontiert wird, aus beispielsweise Zeitgründen, kann oben in viertausend Meter Höhe geschehen? Das Ergebnis ist ein weitgehend unkontrollierter Abflug nach unten und unten ist Wasser, Wald oder eine Stadt. Der Eigner unseres Flugzeuges hat im hier vorliegenden fiktiven Fall sich für die billigste Werkstatt entschieden mit Mechanikern, die keine solide Ausbildung nachweisen konnten. Die Inspektion war sehr preiswert.

Wie steht es denn so mit der Wahrheit unter den Menschen. Ist eine Ausrede schon eine Unwahrheit oder erste die Summe von Ausreden? Wenn ich einen Freund als Teilnehmer der Olympiamannschaft vorstelle, um mich selbst aufzuwerten, er aber nur zur Olympiateilnahme nominiert wurde, nicht später aber zugelassen, habe ich dann gelogen oder nur mich selbst mit einem Freund beweihräuchert? Diese kleinen Schwächen der Menschen sind harmlos. Wenn aber einer Situation oder einem Gegenstand eine Eigenschaft angedichtet wird, die durch deren Akzeptanz zu weitreichenden Folgen führen kann, dann darf man dies als Unwahrheit bezeichnen. Wie sieht es denn in der Politik aus? Aussagen und Versprechungen vor der Wahl weichen oft gravierend von den Handlungen nach der Wahl ab. Der Wähler hat ein schlechtes Gedächtnis. Wenn man alle Aussagen von Bürgern,

Politiker und Medien zusammen nehmen würden, wird mehr
gelogen oder mehr die Wahrheit erzählt?

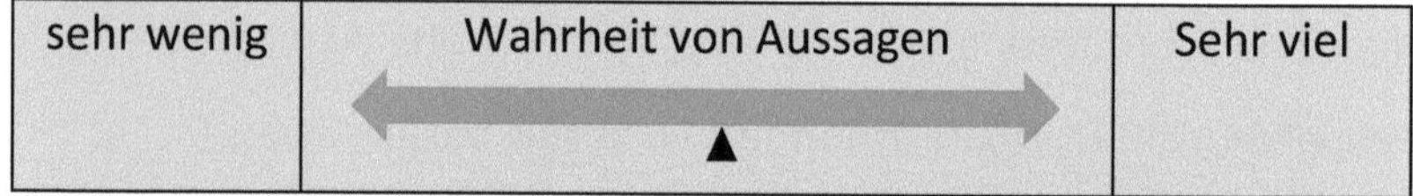

Sicherlich kommt es darauf an wie Sie Wahrheit definieren. Ist
die Ausrede schon ein Wahrheitsbruch? Ist das übertriebene
Beschönigen von Personen, Sachen oder Zuständen noch Wahrheit?
Wenn wir Menschen untereinander nicht ein Minimum an Wahrheit
an den Tag legen, dann schrumpft Vertrauen, und dies brauchen wir
um in einem friedlichen Miteinander leben zu können. Dennoch
sage ich, dass der Schieber nach meiner Ansicht sich etwas in
Richtung „sehr wenig" bewegt.

Wir alle kennen und gebrauchen die Begriffe „danke", „bitte"
und „guten Tag". Gehen Sie in ein gut situiertes Restaurant für drei
Stunden und zählen wie oft diese drei Begriffe ausgesprochen
werden. Gehen Sie ebenfalls drei Stunden in den Knast und zählen
auch hier wie oft Sie diese Begriffe hören. Hören Sie die Begriffe im
Knast mehr oder weniger als in unserem Restaurant?

Im Knast wird geprügelt, es wird um Vormachstellungen
gekämpft, die drei Begriffe werden Sie so gut wie nicht dort hören.
Wenn man hier von einer sozialen Kultur sprechen darf, so ist diese
im Restaurant erheblich höher. Es gibt nicht nur im Knast Menschen

mit dieser geringen sozialen Kultur denen unsere drei Begriffe
fremd sind. Es gibt auch Länder auf unserem Erdball in den
vorwiegend eine geringe Sozialkultur gepflegt wird. Kommen solche
Menschen hier her, und dies ist der Fall, haben wir so gesehen einen
bedingten Freigänger Knast.

Ich biete Ihnen hier einen Text über den Islam an: „Der Koran
lehrt Angst, Hass, Verachtung für Andere, Mord als legitimes Mittel
zur Verbreitung und zum Erhalt dieser Satanslehre, er redet die
Frauen schlecht, stuft Menschen in Klassen ein, fordert Blut und
immer wieder Blut". Man könnte meinen, hier handelt es sich um
eine aktuelle Einschätzung der Ideologie der in unseren Zeiten
apokalyptische Ängste verbreiten wollenden Terrormiliz Islamischer
Staat, deren Anhänger sich gerne wie in einem schlechten Film mit
schussbereiten Gewehren auf Geländewagen inszenieren.

gering	realer Wahrheitsgehalt	hoch

Doch weit gefehlt. Das obige Zitat stammt von keinem
geringeren als Voltaire, dem großen Denker der Aufklärung, der
diese Sätze im Jahr 1740 an seinen damaligen Briefpartner König
Friedrich II. von Preußen schrieb. Dieser pflichtete Voltaire in
seinem Antwortschreiben bei und sprach vom Propheten
Mohammed gar als „Betrüger, der sich der Religion bediente, um
sein Reich und seine Herrschaft zu begründen". Mit dem Buch „Der

falsche Prophet" legt der Historiker Garwin Weißenstein ein Dokument aus der Zeit der Aufklärung vor.

Kein Fernsehen, keine Presse und kein Rundfunk zeigen die wahren Grausamkeiten des gegenwärtigen Islam auf. Es geht hier nicht nur um den Islamischen Staat oder andere Terrororganisationen der Muslime. Diese Grausamkeiten werden nicht veröffentlicht, weil sie so extrem sind, dass es dem Zuschauer oder Zuhörer schlichtweg schlecht wird, er will es auch nicht wissen. Und diese Grausamkeiten beziehen sich nicht nur auf Menschen, auch Tiere erleiden unendliche Qualen. Der Islamische Staat heißt nicht Christlicher Staat oder Buddhistischer Staat, er heißt, wie es seine Zugehörigkeit will, „Islamischer Staat". Natürlich ziehen nicht alle Muslime eine Blutspur hinter sich her, aber weitaus mehr als in anderen Religionen. Halten Sie diese Aussagen für wahrscheinlich?

gering	Wahrscheinlichkeit	hoch

Sollten Sie die Wahrscheinlichkeit als gering einstufen, so empfehle ich sich mit dem Thema auseinander zu setzen, lesen Sie beispielsweise das weiter oben erwähnte Buch „Der falsche Prophet" oder beschäftigen Sie sich mit dem Koran. Eine kleine Kostprobe der Grausamkeiten, lesen Sie es und überspringen Sie die Zeilen nicht: Frauen werden gesteinigt, Menschen werden geköpft, Tiere werden sexuell vergewaltigt, Frauen werden Ratten in die Scheide eingeführt, Menschen werden bis zur Unkenntlichkeit verprügelt, geblendet oder verbrannt, und so weiter, und so weiter. Ich möchte Ihnen nicht den Tag verderben. All dies wird bewusst ausgeblendet. Wenn Sie sich mit Mohammed und dem Koran beschäftigen, wissen Sie warum dies alles unter Allahs Himmel geschehen darf.

Wie stehen Sie zu dem Thema Verantwortung? Soll der Mensch im täglichen Leben eigene Verantwortung übernehmen oder es besser dem Staat überlassen?

Geht die Tendenz zum „nein", dann werden all die Unternehmer, die Menschen, die den Fortschritt anschieben aussterben, und gerade diese Menschen sind es, die federführend für den Wohlstand sorgen, alle anderen werden gebraucht, sind aber mehr oder weniger ausführende Organe. Sehen Sie die Tendenz mehr zum „ja", dann dürfen wir alle berechtigt uns der Hoffnung freuen.

Welch ein dummes und flegelhaftes Verhalten - bei manchen Fußballspielen zu beobachten ist. Man darf unterstellen, dass eine Fußballmannschaft versucht ihr Spiel zu gewinnen. Ebenso ist es ein natürliches Verhalten, wenn die Fans den gleichen Wunsch hegen. In den Fußballstadien ist immer mehr zu beobachten, dass die Fans von „der eigen Mannschaft zustehen" in „Hasstiraden gegen die eigene Mannschaft" umschlägt, wenn sie verliert oder scheinbar schlecht spielt. Die eigene Mannschaft wird ausgepfiffen. Halten Sie dieses Verhalten der Fans für richtig oder falsch?

ja	eigene Mannschaft auspfeifen	nein

Stellen Sie sich einmal auf den Fußballplatz und werden deutlich von den eigenen Fans ausgepfiffen. Es könnte Sie antreiben, aber es wird Sie eher demoralisieren mit ggf. noch schlechteren Leistungen. Haben Sie das beim Tennis oder Golf schon mal erlebt – ein anderes Klientel. Wie oft hört man von Spitzensportlern, dass sie positiv unter dem Jubel der eigenen Fans zu mehr Leistung angetrieben wurden. Beispiel: Tour de France. Dieses geschilderte negative Fanverhalten ist primitiv und eine typische Erscheinung der Massenpsychologie.

Weiter oben habe ich ein verwandtes Thema zur Konkurrenz behandelt. Wir alle kennen die Aussage „Konkurrenz belebt das Geschäft". Ist dem immer so?

ja	Konkurrenz belebt das Geschäft	nein

Bis zu einem gewissen Grad trifft dies zu. Aber wenn der Bogen der Konkurrenz überspannt wird mit beispielsweise Preis Dumping, dann tut das weder dem Verbraucher noch dem Anbieter gut. Bei zu viel Konkurrenz bleiben unter Umständen Qualität und Moral auf der Strecke. Dies kann sich auch negativ auf die Mitarbeiter der Anbieter auswirken oder den Zulieferern. Keine Konkurrenz entspricht einem Monopol, der Anbieter kann fast machen was er will, insbesondere seine Preisgestaltung ausleben. Aber auch hier kann es zu einer entschiedenen Reaktion der Abnehmer kommen, wenn das Fass überläuft.

Heute, am 22.08.2018 habe ich über Deniz Yüsel einen Artikel in der FAZ unter Medien gelesen, den ich hier gerne diskutieren möchte. Sie erinnern sich an diesen deutsch/türkischen Journalisten, den ich einige Seiten zuvor schon einmal behandelt habe. Er schrieb in der TAZ: „In der Mitte Europas entsteht bald ein Raum ohne Volk. Schade ist das nicht. Denn mit den Deutschen gehen nur Dinge verloren, die keiner vermissen wird. " Weiter schrieb er: „... der baldige Abgang der Deutschen von der Weltbühne ist Völkersterben von seiner schönsten Seite." usw.

Heute hat die FAZ berichtet, dass Yücel als Journalist den M100-Medienpreis erhält. „Er werde für seine mutige und unbestechliche Arbeit ausgezeichnet. Selbst aus der Haft in der Türkei heraus hat er seinen unabhängigen und kritischen Journalismus gezeigt, sagt der Potsdamer Oberbürgermeister Jann Jakobs." Ich frage Sie, ist die Welt diesbezüglich noch in Ordnung?

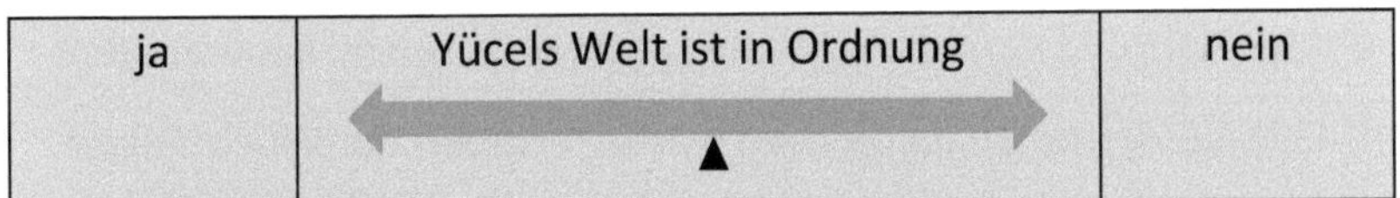

Ich frage Sie, wie kann ein deutsch/türkischer Journalist ein Land so verunglimpfen, in dem er nach seiner Wahl lebt, und wird dafür noch belohnt. Ein vermeintlich Rechter oder ein AfD-Mitglied hätte schon längst einen Prozess am Hals. Hier geraten ein gesunder Menschenverstand und die Moral aus den Fugen, dies wird sich rächen.

Ich möchte Sie auf ein Buch aufmerksam machen, „Deutschland, Erste Informationen für Flüchtlinge", erschienen im Herder-Verlag der Konrad Adenauer Stiftung. In diesem Buch wird in deutscher und in arabischer Sprache dem Flüchtling erklärt, wie er sich in Deutschland zu verhalten hat, bezüglich Moral und Rechtstaatlichkeit. Es wird auch auf die illegale Einwanderung hingewiesen, die ein Verstoß gegen das Einwanderungsgesetz bedeutet. Wir wissen alle, dass die Flüchtlinge in den Jahren 2015 und 2016 illegal und völlig unkontrolliert nach Deutschland eingereist sind. Von diesen Publikationen gibt es viele und die werden in den arabischen Ländern verteilt. Halten Sie dies für eine nicht personalisierte Einladung, nach Deutschland zu kommen, flankiert durch ein „Deutschland, wo Milch und Honig fließt"?

ja	dies ist eine Einladung	nein

Man braucht nur über durchschnittliche Menschenkenntnis und Lebenserfahrung verfügen um zu wissen, dass solche Einladungen ins Paradies gerne angenommen werden. Neben den Flüchtlingen entwickeln auch andere Menschen Begehrlichkeiten auf Deutschland oder Europa.

Ich möchte Ihnen ein anderes Buch vorstellen, „Deutschland in Gefahr" von Rainer Wendt, Präsident der Deutschen Polizeigewerkschaft. „Deutschland steckt in einer Krise: Kriminelle Banden verbreiten in ihren Stadtteilen Angst und Schrecken, Links- und Rechtsradikale schaukeln sich in ihrer Gewaltbereitschaft gegenseitig hoch und tausende Salafisten leben mittlerweile unter uns. Um diese Gefahren abwenden zu können, benötigt das Land vor allem eins: einen starken Staat. Einen, der Regeln nicht nur aufstellt, sondern auch ihre Einhaltung durchsetzt. Doch immer öfter müssen wir beobachten, wie der Rechtsstaat versagt: Täter genießen häufig einen besseren Schutz als ihre Opfer und Schwarzfahrer werden hinter Gitter gebracht, während Schwerkriminelle mit einer Geldstrafe davonkommen". Was halten Sie von diesen Aussagen?

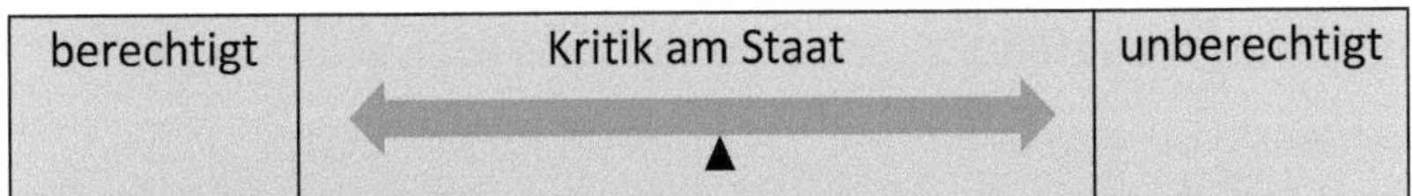

Sie dürfen davon ausgehen, dass der Autor dieses Buches sehr gut über die Kriminalität und den Terrorismus informiert ist, besser als Sie. Er ist weder ein Träumer, noch ein Ideologe, er ist einfach Realist, der den Zeitgeist verstanden hat und ihn sehr genau analysieren kann. Er schreibt von Erfahrungen und schreibt keinen Roman.

Ich darf Ihnen ein weiteres Buch ans Herz legen, „Der islamische Kreuzzug und der ratlose Westen" von Samuel Schirmbeck

(Soziologe, Philosoph und Publizist). Er baute das ARD-Fernsehstudio in Algerien auf. Er schreibt: „Warum wir eine selbstbewusste Islamkritik brauchen" und „Islamkritik bedeutet mitnichten, Muslime anzugreifen, sondern Schutz vor seiner menschenverachtenden Auswüchsen. Die sich gegen Frauen, Homosexuelle, gegen eigenständig Denkende und sogenannte Ungläubige richten – also auch gegen Millionen von Musliminnen und Muslime" und „Eine kritische Auseinandersetzung mit dem gegenwärtigen Islam und eine scharfzüngige Abrechnung mit den Linken, die allzu oft jede Islamkritik des Rechtspopulismus verdächtigt". Der Autor erwähnt Boualem Sansal (Friedenspreis des Deutschen Buchhandels, 2011): „Die Islamisten haben die absolute Waffe gefunden: den Vorwurf der Islamophobie. Wenn wir uns dagegen nicht wehren … werden wir wie stumme Schafe, die man ins Schlachthaus führt. Deshalb sollte dieses Buch gelesen werden." Halten Sie die Feststellungen des Autors für gerechtfertigt?

ja	Aussage des Autors gerechtfertigt	nein
	⟵——————⟶	
	▲	

Der Autor ist ein ausgewiesener Kenner des Islam, denn er verbrachte viele Jahre in islamischen Länder und hat dort viele Freunde unter den Muslimen gefunden. Mit dem ihm gegeben Weitblick, weiß der Autor genau von was er spricht, er hat es erlebt.

Ich möchte noch bei einem Buch über den, ich nenne es mal, Zeitgeist verbleiben. Tanja Kambouri, eine deutsche Polizistin, in

Bochum geboren mit griechischen Wurzeln hat ihre täglichen Erfahrungen in dem Buch „Deutschland im Blaulicht" veröffentlicht. Ihre Aussagen und Fragen in ihrem Buch: „Warum wir das Integrationsproblem nicht auf der Straße lösen können…" Tagtäglich fährt die Polizistin Tania Kambouri in einem sozialen Brennpunkt Deutschlands Streife. Aus erster Hand berichtet sie von ihren Erfahrungen, von der zunehmenden Respektlosigkeit und wachsenden Gewalt, von ihren Schwierigkeiten im Umgang vor allem mit männlichen Migranten. „Wir wollen ja alle immerzu politisch korrekt bleiben und bloß nichts Falsches sagen. Mir ist aber ein offenes Visier lieber als Scheinheiligkeit." Hier ein authentischer Bericht aus dem Polizeialltag: „Der türkischstämmige Mann, der die Polizei um Hilfe gerufen hat, war empört: Was wollte diese Bullenschlampe von Ihm? Von einer Frau lasse er sich erst mal gar nichts sagen. Die Einsatzleitstelle solle gefälligst männliche Polizisten schicken. Männer arbeiten schließlich auch besser … Alltag in Deutschland? Respektlosigkeit und Beleidigungen dieser Art erfahren Polizisten im Einsatz immer öfter. Körperliche Übergriffe sind längst keine Seltenheit mehr. Als Polizistin und Frau griechischer Abstammung ist Tania Kambouri den Angriffen auf der Straße gleich dreifach ausgesetzt. Jetzt setzt sie sich zur Wehr: Ich will den Finger in die Wunde legen, auch wenn mir bewusst ist, wie explosiv das Thema ist." Übertreibt die Autorin?

ja	die Autorin übertreibt	nein
	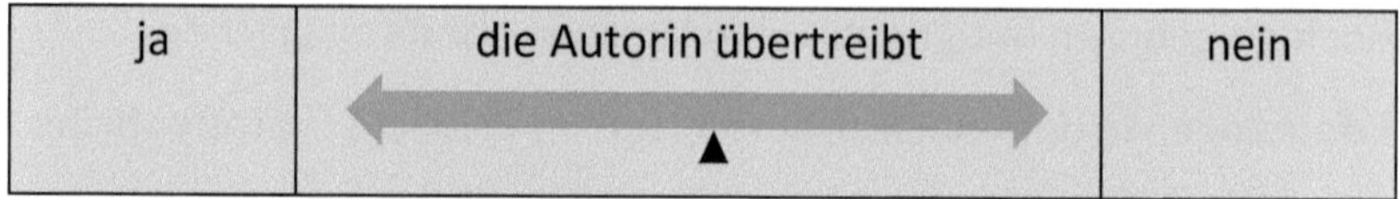	

Wenn Sie als Flachdenker der Meinung sind, dass die Autorin übertreibt, um sich vielleicht ins rechte Licht zu setzen, dann werde ich wenig Mitleid für Sie aufbringen können, wenn Sie in eine Situation geraten, die im Buch mehrfach beschrieben wird.

Viele Buchautoren haben sich mit den hier beschrieben Problemen aus unterschiedlichen Perspektiven beschäftigt. So auch Kirsten Heisig, verstorbene Jugendrichterin aus Berlin mit ihrem Buch „Das Ende der Geduld". Sie sagt: „Wenn wir nicht rasch und konsequent handeln, wenn wir unsere Rechts- und Werteordnung nicht entschlossen durchsetzen, werden wir den Kampf gegen die Jugendgewalt verlieren." Das " ebenso provokante wie sachkundige Buch der unbequemen und mutigen Jugendrichterin ist aktueller denn je: In den letzten Jahren haben sich die von Kirsten Heisig damals zu Recht angeprangerten Zustände republikweit nicht verbessert, sondern eher noch verschärft. Gewalttätige Jugendliche werden immer brutaler und immer jünger. Ganze Straßenzüge und Stadtviertel, die U- und S-Bahnen, Schulen – überall sind skrupellose jugendliche Gewalttaten zu beklagen. Polizei und Sozialarbeiter kommen an ihre Grenzen. Die Situation wird durch den unkontrollierten Zustrom auch von alleinreisenden jungen Flüchtlingen angespannt bleibt. Halten Sie die Warnungen der Autorin für richtig, es betrifft nur die Jugendlichen?

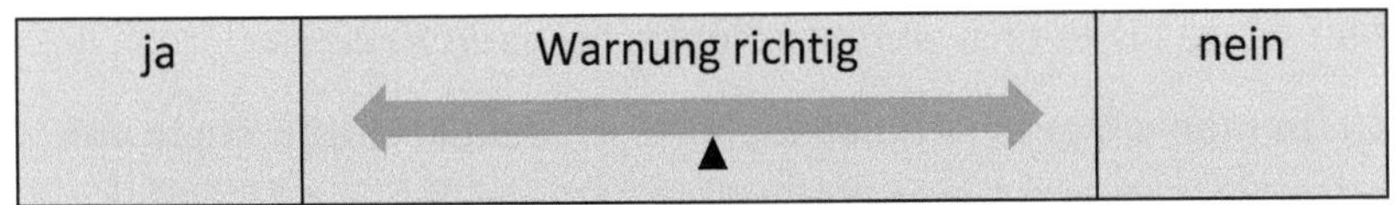

Es ist nicht anzunehmen, dass die verstorbene Jugendrichterin phantasiert. Die von ihr beschriebenen Probleme reihen sich nahtlos in die bisher beschriebene Problematik unseres Staates ein.

Ein etwas weniger deprimierendes Thema – unser Erdball. Vor circa 4,5 Milliarden Jahren ist die Erde entstanden. Die Leserinnen und Leser mögen mir verzeihen, ich war nicht dabei und habe diese Kenntnis nur aus den wissenschaftlichen Fakultäten. Vor ca. 200.000 Jahren hat sich ein Wesen gebildet, welches wir Mensch nennen. Auch dieser Entwicklung konnte ich nicht beiwohnen und deshalb berufe ich mich auf unterschiedliche wissenschaftliche Literatur. Wie sich die Zukunft des Menschen zeigen wird, lässt sich nicht voraussagen. Wir alle sind keine Propheten, wir können nur Vermutungen anstellen. Wenn ich mir die Menschen auf dem Erdball betrachte, traue ich der Spezies einiges zu, ich nehme an, Sie verstehen was ich damit sagen möchte. Schluss ist auf diesem Erdball in ca. 4.5 Milliarden Jahren. Denn dann wird die Sonne immer mehr Energie verlieren. Dies wirkt sich aber sonderbarerweise so aus, dass aus der Sonne ein roter Riese wird. Dieser erreicht einen Durchmesser, der der Umlaufbahn der Erde entspricht. Die Folge ist, dass die Erde weit vorher schon verglüht und verschluckt wird. Dann wird irgendwann die Sonne, so wie man es vermutet, kleiner, sie wird zu einem weißen Zwerg. Sollte der

Mensch es bis zeitlich weit vor diesem Szenario zu einem Zusammenhalt geschafft haben, hoffe ich auf die klugen Köpfe von Forschern und Ingenieuren, denen es gelingen könnte, neue Lebensräume zu finden. Halten Sie es für sinnvoll, dem Menschen, insbesondere dem jungen Menschen deutlich zu machen, dass unser Erdball ein Verfallsdatum hat?

Das Thema an sich ist nicht gerade ein Hoffnungsträger. Dennoch halte ich es für möglich, dass durch das Bewusstsein der Endlichkeit eine andere Art und Weise entsteht, die den Menschen im Umgang mit Menschen etwas friedlicher und besonnener werden lässt.

Eine schnelle Frage: Für wie blöd halten Sie eigentlich den Menschen?

Je primitiver und ohne Moral der Mensch ist je blöder ist er, mit steigender Bildung wächst sich die Blödheit aus.

Die sozialen Triebe der Menschen zeigen Emotionen von Mensch zu Mensch. Ein Robinson Crusoe kannte vielleicht soziale Triebe, für ihn waren sie nicht nötig. Zu den positiven Eigenschaften zählen unter anderem:

- *Liebe*
- *Nachsicht*

- *Aufopferung*
- *Verzicht*
- *Hilfsbereitschaft*
- *Kooperationsbereitschaft*
- *Teamgeist*
- *Verständnis*
- *Großzügigkeit*
- *Trauerfähigkeit*
- *Realitätssinn*

Als negativ werden etwa angesehen:

- *Gier*
- *Machtstreben*
- *Aggression*
- *Verständnislosigkeit*
- *Neid*
- *Hass*
- *Rücksichtslosigkeit*
- *Rache*
- *Missgunst*
- *Geiz*
- *Fanatismus*

Haben sich diese Eigenschaften in den letzten Jahrzehnten mehr zum positiven oder mehr zum negativen verändert?

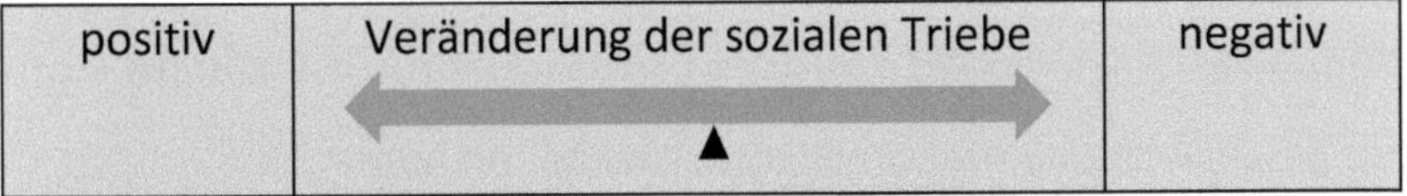

Jeder Mensch hat eine Grundveranlagung, die ihnen mehr zum positiven oder mehr zum negativen tendieren lässt. Der Versuch sich davon etwas zu lösen und sich der Realität zuzuwenden zeigt bei der Akzeptanz dieses Buches einen Trend zum negativen, leider.

Zu den menschlichen Eigenschaften gehören auch Mut und Feigheit. Mut kann an Dummheit grenzen, bringt aber viel voran. Feigheit grenzt an der Nichtverarbeitung von Angst und soll vor negativen Folgen schützen. Beide Eigenschaften sind in bestimmten Zeiten sicherlich auch richtig anzuwenden. Wenn mir ein freundlicher Mitbürger oder neuer Mitbürger eine 0.38 Spezial an den Kopf hält und mich nett bitte ihm meine Geldbörse zu übergeben und ich sie ihm gebe, was bin ich dann? Bin ich feige, weil ich ihm die Geldbörse gegeben habe? Nein, ich wäre dumm, wenn ich es nicht gemacht hätte, denn dann hätte der Mitbürger mir etwas Blei in den Schädel gepumpt. Dies führt schnell zum Tode.

Erkenne ich am Waldrand, dass ein junges Mädchen von einem, wie oben beschriebenen Mitbürger, geschlagen und vergewaltigt wird, dann schlägt bei mir ein besonderes Herz. Da der Vergewaltiger zu sehr mit seinem Hobby beschäftigt ist, nimmt er andere Gefahren nicht wahr. Diese Gefahr bin ich in diesem Fall. Entsprechend der jeweiligen Situation werde ich ihn abhalten weiter zu vergewaltigen, ich mache ihn unschädlich, denn er ist schädlich, wohl wissentlich, dass er Waffen einsetzen könnte. Mir kommt es in der geschilderten Situation nicht darauf an ihn human und rücksichtsvoll zu behandeln. Das wäre unter Umständen fatal für das Mädchen und mich. Unschädlich bedeutet, dass der

Vergewaltiger seine Handlungen nicht mehr fortführen und mich nicht angreifen kann. Der Überraschungseffekt mit einem Ast Stück könnte schnell für Ruhe sorgen. Versteckt sich der Mensch heute mehr hinter einer Massenmeinung um selbst nicht angegriffen zu werden? Was denken Sie, hat sich der Mut oder die Zivilcourage geändert, ist sie gestiegen oder abgefallen?

Nach meiner persönlichen Einschätzung haben Mut und Zivilcourage nachgelassen. Heute fühlt sich jeder hinter der Massenmeinung geschützt, warum soll er seine individuelle Meinung äußern, deren Auswirkung ihn hart treffen könnten. Die massenpsychologischen Auswirkungen, bis zur Hysterie nehmen stetig zu.

Im erweiterten Sinn kann man Drogen mehr als üblich definieren. So werden Drogen über den Körper aufgenommen und auch über den Geist. Vom Körper werden Drogen, oftmals auch Rauschgifte genannt, oral, anal, geschnieft oder gespritzt aufgenommen. Diese können dann, je nach Intensität und Zusammensetzung, ein aggressives bis beruhigendes Verhalten bewirken. Eine Überdosis kann zum Tode führen. Die zweite große Gruppe der Drogen werden über den Geist, die Psyche und Sinne aufgenommen. Nicht selten spielt hier die Wirkung der Massenpsychologie mit. Diesem Phänomen sind Menschen unterschiedlich ausgesetzt. Der Eine plappert sofort etwas nach was er in den Medien oder sonst wo gesehen oder gehört hat, der Andere filtert oder durchdenkt eine Information erst bevor er sich eine Meinung bildet und diese äußert. Wie hoch schätzen Sie den Anteil derer, die sich durch auffällig Massenmeinung beeinflussen lassen und nachplappern?

niedrig	Prozentsatz der Nachplapperer	hoch

Der Anteil der flachdenkenden Nachplapperer schätze ich auf 80 % im dichtesten Wert. Das bedeutet nicht, dass ich als Autor, nicht auch, vielleicht durch Begeisterung, ein Massentrend als meine Meinung annehme. Es wäre oft fatal, wenn dem nicht so wäre. Das Nachplappern birgt aber größte Gefahren, die Masse wird unmerklich beeinflusst.

Was ist für Sie Religion? Sie können nicht antworten, weil ich als Buch nicht zuhören kann, aber Sie könnten sich über die Frage Gedanken machen. Vieles wird ersetzt oder wurde ersetzt, von Unwissen durch religiöse Aussagen, Feststellungen oder Götter. Den Gott des Donners gibt es schon lange nicht mehr, es sei denn man bezeichnet die Meteorologen als Donnergötter. Man hat früher Unwissen durch götterähnliche Abstrakte ersetzt und diese auch vergöttert. Hier lässt sich ganz deutlich die Wirkung der Massenpsychologie erkennen. Diese Wirkungen sind emotional begründet. In der Wissenschaft wird die Massenpsychologie als ein

Phänomen mit Gefühl und Emotion beschrieben, ohne jegliche Wirkung von Verstand. Und der Verstand ist erforderlich um einen Sachverhalt zu prüfen.

Die Religionen wirken alle mehr oder weniger massenpsychologisch. „Die Erde ist eine Scheibe!" Und diese Aussage wurde vehement von der Religion verteidigt. Es gibt heute noch Deppen, die dies glauben. Die religiöse Gemeinde nahm diese vorgegebene Feststellung an und vertrat sie als ihre Meinung. Religion ist eine geistige Droge. „Diese Verräter haben unseren Gott … verunglimpft!" Ein nicht seltenes Urteil daraufhin war die Hinrichtung. Wie sehen Sie die Religionen generell?

friedlich	Religionen	unfriedlich

Man muss sich dies heute einmal vorstellen, ein vom Menschen geschaffener synthetischer Gott, gab Anlass zum Töten. Der Islam praktiziert dies heute noch. Andere Religionen zeigen uns nicht diese rigorose Brutalität, sie verbreiten mehr Frieden und kluge Philosophie.

Ein außerordentlich weitreichendes Thema ist die Wirkung der Massenpsychologie. Diese kann als eine gefährliche Waffe eingesetzt werden. Die Bewegung und Bildung einer Masse muss nicht immer von außen oder von einer Person beeinflusst werden, oft entsteht eine Massenbewegung aus sich heraus, völlig ungesteuert. Kulturen sind daran gescheitert, und wir leben in einer

Kultur. Wie oben schon einmal erwähnt neigt der Mensch mehr oder weniger dazu von der Masse beeinflusst zu werden. Wenn es an Rückgrat oder innerer und überzeugender Stabilität fehlt, übernimmt der Mensch schnell die Meinung der Masse. Denn das eigene Abwägen und Gewichten kostet Gehirnkapazität über die die Menschen sehr unterschiedlich verfügen. Die Auswirkungen der Massenpsychologie zeigen sich in Religionen und ganz besonders in unserem Zeitgeist, heute durch die extrem hohe Informationsvielfalt. Solange eine Menschengruppe an einem Strang zieht und sich nicht spaltet, zeigt sich das Miteinander friedlich. Wie stark beeinflusst heute die Massenpsychologie den Menschen?

gering	Wirkung der Massenpsychologie	viel

Aber wehe wenn Meinungen konträr kommuniziert werden und der Verstand zugunsten der Emotionen verlassen wird, vielleicht noch gepaart mit ideologischen Anschauungen, dann kann der Weg sehr schnell vom Scharmützel in Krieg umschlagen. Eine Spaltung kann auch zwischen einer Gruppe mit vorwiegend Verstandesverhalten und einer Gruppe mit überwiegend Emotionsverhalten entstehen. Den Verstandesträgern wird es schwer fallen, auch mit guten Argumenten, die Gegenpartei zu überzeugen. Die aufgeladene emotionale Masse hat eine enorme Kraft, sich durchzusetzen, auch unter Aufgabe der guten Sitten und der Moral. Im Übrigen ist Mode auch eine Erscheinungsform der Massenpsychologie. Nicht immer wirkt dieses Massen-Phänomen zum Nachteil.

Meine Mutter, eine lebenskluge Person, äußerte mehrfach den Satz: „Der Mensch ist ein Rudeltier". Wer dies versteht, für den ist damit vieles gesagt. Zum Rudelverhalten gehört auch die Psychologie der Massen. Und wer sich auch damit beschäftigt, wird wissen, dass die Massen über keinen Verstand, aber über Emotionen verfügen. Das massenbefreite Individuum zeigt beides, Verstand und Emotionen. Wer auch dies versteht, wird um die sozialen Triebe des Menschen wissen, und die werden im Guten und im Schlechten ausgelebt.

Wie schon erwähnt: Die Rudeltiere oder auch die Schwarmtiere haben eine positive Gemeinsamkeit. Sie leben im sozialen Zusammenhalt und sie verteidigen Ihr Revier. Was die Löwenmutter erbeutet hat, ist ihr Verdienst, sie beschafft Nahrung für ihre Jungen. Ein fremder Löwe, der den Diebstahl der Beute im Sinne hat, wird es schwer haben der Löwenmutter das Futter zu entreißen. Er soll doch selbst auf Jagd gehen, denkt sich, menschlich gesehen, die Löwenmutter. Die Rudeltiere haben somit eine Art Gerechtigkeitssinn, gepaart mit der Gier des Überlebens und vor Allem des Zusammenhalts. Dies sind einfache Sätze und Zusammenhänge, die ich hier schreibe, es sind aber Naturgesetze, die seit Bestehen der Fauna gelten.

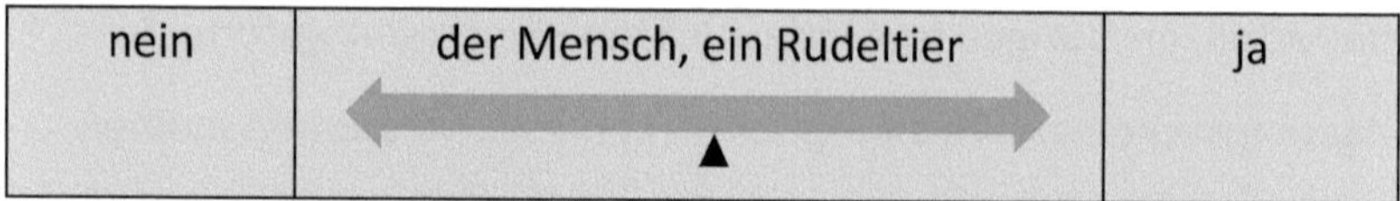

Wenn Sie der Meinung sind, dass der Mensch keine Eigenarten des Rudeltieres aufweist, dann gehen Sie heute Abend in ihren Club der Flachdenker. Sie haben das Wesen des Menschen nicht verstanden.

Während meiner dreijährigen Recherchen zu meinem Buch „Untergang des Abendlandes, gefühlt ab 2015" sehe ich für den friedlichen Fortbestand unserer Kultur vier Gefahren.

Die Gefahr Islam. Lesen Sie mehrfach im neuen Testament an den unterschiedlichsten Stellen. Lesen Sie ebenso mehrfach in einer Ihnen vorliegenden Übersetzungen des Korans. Gerne lesen Sie auch in anderen religiös geprägten Schriften. Sie werden feststellen, soweit Sie nicht ideologisch in einer Richtung geprägt und zu konstruktiven und kritischen Erkenntnissen fähig sind, dass der Geist des Korans sich von allen anderen Schriften in der Realität und dem Ausleben wesentlich unterscheidet. Wenn Sie sich damit nicht beschäftigen, sollten Sie sich mit Urteilen über dieses Thema zurück halten.

Gemeinsam haben alle Schriften eine massenpsychologische Wirkung. Ich sprach weiter oben davon. Betet man einem Menschen dreimal etwas vor, so wird er das Gehörte oder Gelesene als seine Meinung, Einstellung und emotionale Richtung annehmen.

Der Koran trennt Muslime von „Ungläubigen" und diese sind im Geiste des Korans die Christen, die Hindus, die Buddhisten, die Atheisten, und andere, kurzum alle Nicht-Muslime. Im Koran wird jeder Ungläubige als Mensch einer unteren Klasse angesehen der nicht nur schlechter behandelt werden, sondern auch stärker bestraft werden darf. Diese Behandlung der Ungläubigen darf schärfer erfolgen als die Bestrafung der Muslime. Die Frau steht im Koran gesellschaftlich und von der Würdigung unter dem Mann, und sie hat zu dienen, in jeder Form.

Geht man davon aus, was real auch der Fall ist, dass der gläubige Muslime nach diesen geforderten Vorgaben lebt, so ist für jeden vernünftig denkenden Menschen Konfliktpotential zu erkennen. Dieser Geist des Korans ist nicht nur Potential, sondern realer und gelebter Konflikt. Dieser Konflikt reicht vom Hass gegen Ungläubige bis zum fanatischen Töten. Wir hören es zu oft in den Medien. All diese Feststellungen bedeuten nicht, dass jeder Muslime hasst oder tötet, es sind aber auffallend viele.

All die negativen Ausprägungen des Korans sind in dieser Form derzeit in anderen Religionen schwerlich zu finden, beziehungsweise nicht in dieser Deutlichkeit. Die sich im Koran wiederholenden Zeilen „Allah ist barmherzig" gibt dem gläubigen Muslim die Legitimation für zum Teil grausames Verhalten. Ich warne dringlich davor diese zum Teil pseudoreligiösen Strömungen zu unterschätzen. Es sind nicht alle Menschen gleich. Wer dies nicht glaubt ist ein Risiko in kritischen politischen, sozialen oder gesellschaftlichen Konflikten. Der Islam ist vor diesem Hintergrund keine friedliche Bewegung. Wie Sie sehen spreche ich nicht von Religion, dies ist es auch nicht in unserem Sinne, der Islam greift in jeden Bereich des Lebens ein. Die ideologisch-fanatischen Emotionen des Islam sind stärker als der westliche Verstand. Ich wiederhole mich: die Masse hat nur Emotionen und keinen Verstand, das massenbefreite Individuum hat beides und ist im Stande abzuwägen.

Dies ist von mir noch sehr freundlich formuliert – zumal mir aus heutiger Zeit Berichte, Bilder und Videos, insbesondere aus muslimischen Teilen Afrikas vorliegen, die mit unserer Moral und Lebensweise nichts, aber auch gar nichts zu tun haben – brutal und quälend bis zum Tode. Warum wird die Wahrheit verschwiegen? Die Negativaussage des Korans deckt sich mit dem Auftreten all der terroristischen Kräfte. Der Durchschnittsmuslime auf der Straße praktiziert auffallend das Wesen des Korans. Die derzeit höher entwickelte Kultur des Westens ist dem Streben des Islam fast ungeschützt ausgesetzt.

Darum haben drei Türken mit ihren Aussagen Recht. Ein von mir in Frankfurt am Main, an der Hauptwache aufgenommener Satz eines jungen Türken zu einem Deutschen: „Ihr Weicheier, Euch machen wir noch platt". Ähnliche Aussagen konnte ich zweimal in unterschiedlichen Fernsehberichten vernehmen. Das Zitat ist auf keinen Fall repräsentativ, zeigt aber den gewollten und realen Geist vieler islamischer Anhänger.

„Der Islam, diese absurde Gotteslehre eines unmoralischen Beduinen, ist ein verwesender Kadaver, der unser Leben vergiftet!" (Mustafa Kemal Atatürk, 1881 bis 1938, Gründer und erster Präsident der Republik Türkei). „Der Islam gehört zu Deutschland!" (Angela Merkel, deutsche Bundeskanzlerin). Halten Sie den Islam für friedlich oder nicht friedlich?

Weltweit wird in den unterschiedlichsten Informationsmedien das Ausleben des Islam immer wieder mit folgenden Eigenarten in Verbindung gebracht: Pädophile, Vergewaltigung, Enthauptung, lebendig verbrannt, Beschneidung, Unterdrückung, Erpressung, Sklaverei, Entführung, Ehrenmord.

Die Gefahr Informationstechnologie. Vor langer Zeit begann der Mensch zu seinem Vorteil und Schutz Nachrichten über größere Distanzen zu übermitteln. Anfangs bediente er sich der Techniken von Rauch- und Trommelsignalen, ähnlich der Morsezeichen. Später haben Menschen direkt - mit oder ohne Pferd - Nachrichten übermittelt, per Sprache oder Papier.

Nachrichten und Signale sind Informationen die durch die genannten Techniken verbreitet wurden. Bis heute hat sich die Informationstechnik rasant entwickelt. Während früher nur das

Wesentliche kundgetan werden konnte, wird heute alles, aber wirklich alles, verbreitet. Wichtiges und Unwichtiges, Wahres und Gelogenes, Erfundenes und Reales, Verdrehtes und Gerades. Diese für uns heute abrufbare Vielfalt trägt auch zur Verunsicherung der Meinungsbildung bei. Wer weiß denn, ob die gefundene Information heute korrekt ist? Mit Verlaub, dies lässt sich oft schwerlich feststellen. Meinungsbildung ist in einer Demokratie nötig, um Regierungen zu wählen. Die Möglichkeiten der Beeinflussungen sind enorm und schleichen sich unbemerkt in die menschliche Bewertung ein. Glauben Sie nicht alles was Sie hören, lesen oder sehen, auch die Medien unterliegen einer Fehleinschätzung. An der falschen Schraube kann bewusst oder ungewollt leicht gedreht werden. Die Auswirkungen können sich fatal bis katastrophal auswirken. Unser Zeitgeschehen darf nur kritisch wahrgenommen werden. Leider ist dies nicht jedem gegeben.

Können Sie beurteilen, ob ein Bericht im Fernsehen über eine Bürgerkriegssituation im Kongo richtig oder falsch ist? Sie können es nicht, es kann noch nicht einmal der Reporter, denn er ist froh, wenn er dort Gesprächspartner findet. Dies ist auch Informations-Technik, nicht nur Computer. Das Internet bietet eine unkontrollierte Plattform, auf der Wahres und Unwahres blitzartig verbreitet wird, mit Folgen die unabsehbar sind. Eine geschickt formulierte Nachricht kann sehr viele Follower nach sich ziehen, die dann zu dieser Aussage enthusiastisch Stellung beziehen. Ob diese Nachricht richtig oder falsch ist, interessiert nur sekundär. Hier bedarf es in Zukunft der Personalisierung von Nachrichtenquellen. Denn wenn der Autor allen im Internet bekannt ist, dann wird er sehr vorsichtig mit seinen Veröffentlichungen sein. Schätzen Sie die Ihnen zur Verfügung stehenden Informationen als korrekt oder falsch ein?

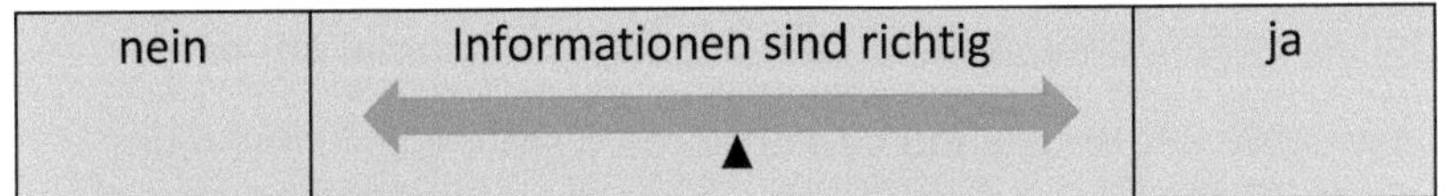

Wenn man dem durchschnittlich begabten Menschen dreimal etwas vorbetet (wie schon erwähnt), also Informationen liefert, durch Rundfunk, durch Fernsehen, in der Presse oder durch Freunde, dann wird er diese Meinung bald annehmen. Die Massenpsychologie mit Hilfe der Kommunikationsmethoden leistet ihren Teil dazu. Die Wirkung der Massenpsychologie kann ein verheerendes Mittel zur Beeinflussung sein.

Die Gefahr vor Verweichlichung und Verrohung. Seit Ende des Zweiten Weltkrieges hat sich das Selbstbewusstsein der Deutschen auffällig verändert – zum Nachteil. Der Deutsche sieht sich mehr oder weniger bewusst als Schlechtmensch an, er lässt sich auch ohne Widerspruch so titulieren. Was ist geschehen? Der Deutsche sieht sich als Nachfahre und Erbe von Kriegsverbrechern an und dies zu jeder nationalen und international passenden und unpassenden Gelegenheit. Jeder weiß wie schlecht, grausam und unmenschlich das Dritte Reich sich auf vielen Gebieten gezeigt hat und jeder klar denkende und empfindende Mensch verurteilt dies.

Im Jahr 2018 fand in Moskau die Fußballweltmeisterschaft statt. Frankreich wurde Weltmeister. In allen Medien war immer wieder zu vernehmen: „Vive la France". Haben Sie schon einmal „Es lebe Deutschland gehört"? Nein! Würden Sie es tun, wären Sie Nazi.

Wenn Sie sich als Deutscher weiter freiwillig an den Pranger stellen wollen, dann beschäftigen Sie sich erst einmal mit der Geschichte der Kriege und Völkermorde weltweit zu allen Zeiten. Warum bezichtigen (Wiederholung) sich nicht Spanier, Portugiesen oder Engländer des Völkermordes und des Landraubes in Nordamerika oder Indien? Dies ist nur ein Beispiel von vielen.

Das Selbstbewusstsein der Deutschen reichte bis zur Fußball-Weltmeisterschaft 2006 so weit, dass sie so gut wie nie eine deutsche Flagge gehisst haben. Ja, es war teilweise sogar verpönt – gepaart mit nationalistischen Vorwürfen. Frau Merkel selbst hat in der Mitte ihrer Regierungszeit, in allen Medien zu sehen und zu lesen, öffentlich vom Wegwerfen der deutschen Flagge Gebrauch gemacht. Keiner hat aufgemuckt oder sich großartig daran gestört – interessant und aussagekräftig. In jedem anderen Land zeigt sich Nationalstolz, nur in Deutschland nicht. Ein natürliches Rudelverhalten stirbt.

Was, bitteschön, ist gegen Nationalstolz vorzubringen? Nichts, aber auch wirklich nichts, es ist ein natürliches Rudelverhalten.

Grausamkeiten wie im Dritten Reich sind auch in anderen Staatsformen und zu allen Zeiten vollzogen worden. Wie können manche Vertreter der Gattung Flachdenker sich so weit vom gesunden Menschenverstand entfernt haben.

Ich war über einen Zeitraum von sechs Jahren etwa achtmal pro Jahr auf meinem Schiff in Kroatien. Die Kroaten haben Respekt vor den Deutschen, sagen aber auch auffallend oft, dass die Deutschen spinnen mit ihrer synthetischen Eigen-Schlechtmacherei.

Dies alles geht in Deutschland so, dass eine ideologisch befreite, logische und kritische Meinung verunglimpft wird, sobald es sich um sogenannte Flüchtlinge, Politik oder Soziales handelt. Wenn ich aus sachlichen und nachvollziehbaren Gründen die untätige Asylpolitik ablehne, werde ich von vielen Menschen Rassist, Ausländerhasser, Rechter oder Populist angesehen. So geht das nicht. Wir leben in einer „diktatorisch geführten Demokratie", vorwiegend von einer Person gestaltet. Aber diese Staatsgestaltung ist so führungslos, dass sich unser Staat hochgradig als Selbstläufer entpuppt. Dies ist mehr als gefährlich. Ich schreibe dies als System-Analytiker, der Zusammenhänge auf den Grund geht und bei hoher Komplexibilität den Sachverhalt in Einzelsegmente unterteilt um diese separat zu untersuchen. In den meisten Fällen zeigen sich dann beim Zusammenführen der Segmente die Lösungsansätze. In unserer Politik gibt es nicht mal den Ansatz dieser Denkweise, sie ist aber erforderlich. Ausreden – das ist aber Politik – lasse ich nicht gelten.

Denken Sie nur daran, dass in den Jahren um 2015 alle, aber auch alle nach Deutschland einreisen konnten und durften. Die Regierung zeigte sich führungslos, und sie agierte unentschlossen und uncouragiert. Einige Jahre zuvor hat man einen Einreisenden ohne Papiere festgenommen – einen. Visa gab es bei den Invasoren schon gar nicht. Dieses Land – Deutschland – ist nicht imstande Stellung zu beziehen, seine Gesetze anzuwenden, es ist verweichlicht. Wie sieht die Verweichlichung im Privaten aus?

Vor 60 Jahren war das deutsche Volk mit dem Aufbau nach dem Krieg beschäftigt, man hat an einem Strang gezogen. Kinder wurden zu Recht gemaßregelt, es gab auch schon mal einen Klapps. Jeder junge Mann musste zur Bundeswehr. Dort waren keine Höflichkeitsfloskeln im Trend, es gab klare und unmissverständliche Befehle. Ich habe all dies kennen gelernt. Das war manchmal auch hart, doch ich kann bei mir kein nachhaltiges Leid erkennen. Ich habe schlicht gelernt mich bei Angriffen zu verteidigen und habe davon auch keinen Schaden genommen.

Heute schüttele ich manchmal den Kopf wie Eltern, oder besser wie Kinder mit ihren Eltern umgehen. Eltern lassen sich oft von Kindern den Weg weisen. Diese Art Eltern haben in ihrem Leben wenig gelernt. Ich frage wie sich diese bis ins Antiautoritäre reichende Erziehung im späteren Leben der Kinder auswirkt. Wie können diese Kinder Probleme meistern, wie Konkurrenten abwehren?

Auffallend viele Muslime versuchen sich mit deutlichem Machogehabe in Szene zu setzen, obwohl keine Gründe für Respekt in Form von Bildung oder Können vorliegen. Der Begriff „Weichei" trifft zu, so die Äußerungen der jungen Türken, wie hier beschrieben. Wir Deutsche können entwickeln, kreieren, aufbauen, wir können verhandeln, uns global bewegen, die schönen Dinge des Lebens genießen, aber wir ziehen sofort den Schwanz ein, wenn man uns „Weichei" zuruft. Wir wagen nicht die kleinste Kritik am Islam, wir entschuldigen Fehlverhalten, bis zur Drohung reichendes Machogehabe von Muslimen, wir lassen religiöse Hintergründe verständnisvoll in Gerichtsurteile einfließen. Die Menge, noch mehr die ideologische Menge, bis hin zum Fanatismus hat eine massenpsychologische Kraft, dem der Verstand nichts entgegensetzen kann. „Gegen Dummheit ist kein Kraut gewachsen" ist ein durchaus passender Spruch. Toleranz ist wichtig im täglichen Zusammenleben, nimmt sie aber Überhand, so legt sich oft der Tolerante ohne Gegenwehr auf den Rücken – eben Deutschland.

Die EU ist eine Institution, die aus meiner Sicht des System-Analytikers, mit der heißen Nadel gestrickt wurde. Man hat letztendlich versucht 28 ausgehärtete EU-Betonklötze zusammen zu bringen, dies ist sehr schwer, es dauert und ist mit großen Problemen der Abstimmung verbunden. In Nordamerika hat man vor wenigen Jahrhunderten versucht mehrere unausgehärtete Betonklötze, die Staaten, zusammen zu bringen, dies gelang. Mir ist völlig unverständlich, dass Deutschland in den vergangenen zehn Jahren zum Zahlmeister, teilweise auch unter Vorspielen falscher Tatsachen, wurde. Deutschland ist ein Selbstläufer ohne klare Führung. Ein starkes und konsequentes Freiheitleben mit klaren und erkennbaren Sanktionen verschwindet immer mehr. In der gesamten Existenz von Mensch und Tier werden Reviere begrenzt und verteidigt. Dies hat sich über Jahrtausend bewährt. Grenzen sind kein Krieg oder Intoleranz, Grenzen bedeuten Schutz. Wer sich nicht schützen kann, ist schlichtweg dumm.

Griechenland hat sich in die EU gelogen, und: Schäuble wollte Geld für Griechenland. Es wurde ihm vom Bundestag zugestanden, weil er das Zahlungsversprechen des IWF in den Vordergrund stellte. Schäuble argumentierte vor dem Bundestag für deutsche Zahlungen an Griechenland: „Auch der Internationale Währungsfonds (IWF), der Hilfspakete nur unter strengen Auflagen vergeben darf, wird sich beteiligen und somit garantieren, dass das Geld eines Tages auch aus Athen zurückkommt. Ohne IWF wäre es kein vernünftiges Ergebnis", versprach Schäuble im Mai 2016 "Ich erwarte, dass der IWF an Bord bleibt. Es ist dabei nicht so relevant, mit welcher Summe er sich beteiligt; entscheidend ist, dass er es tut." Die Geschäftsgrundlage für die Griechenland-Rettung, die Schäuble den Abgeordneten vor drei Jahren versprochen hatte, hat sich nie materialisiert. Der Bundestag hat dem dritten Hilfspaket nur in der Erwartung zugestimmt, dass sich der IWF beteiligt. All dies lässt man gewähren, sanktionslos. Glauben Sie allen Ernstes, dass das Geld zurück kommt?

„Wenn sich die Welt selbst zerstört, dann fängt es so an: Die Menschen werden zuerst treulos gegen die Heimat, treulos gegen die Vorfahren, treulos gegen das Vaterland. Sie werden dann treulos gegen die guten Sitten, gegen den Nächsten, gegen Frauen und gegen Kinder. "(Ernst Moritz Arndt, 1769 bis 1860).

Die Gesellschaft ist inzwischen in ihrem Urteil so gleichgültig geworden, dass die Wahrheit als Belästigung empfunden wird. Es ist heute keine Seltenheit mehr, wenn Polizisten, die Feuerwehr, Hilfskräfte und Notärzte nicht nur von Invasoren angegriffen werden.

Ich stelle eine einfache Frage: Mit welcher Begründung und mit welchem Erfolgswunsch werden doppelte Staatsbürgerschaften vergeben?

Gutmenschen sind Flachdenker ohne erkennbaren Tiefgang und Weitblick, wie bereits erwähnt. Sie denken und empfinden nur in kurzen Zeiträumen, sie sind nicht in der Lage die Auswirkungen ihrer Denkweise für die nächsten zehn oder 20 Jahre zu erahnen. Gutmensch sein ist geistige Selbstbefriedigung, ein sehr gefährlicher Typ Mensch, denn bei denen ist eben alles gut. Toleranz ist eine notwendige soziale Eigenschaft im Umgang mit dem Menschen, sie grenzt aber an Dummheit.

In Deutschland ist es mittlerweile schwer eine realistische und vernunftgeprägte Meinung zu äußern, die sich gegen Massenmeinungen stellt. Ich wiederhole mich hier wieder: Die Masse hat nur Emotionen und keine Vernunft, das massenbefreite Individuum hat beides. Bringt ein Politiker oder Bürger einen Einwand gegen die Flüchtlingspolitik von Frau Merkel vor, so wird dies im sanften Fall als Affront abgetan. Hier wird folgendes gelebt: Demokratie ja, Meinung nein. Meinen Sie, dass Deutschland auf der einen Seite verweichlicht und auf der anderen Seit verroht?

nein	Verweichlichung und Verrohung	ja
	←——————————▲——————————→	

Ein verweichlichter Mensch lässt vieles mit sich machen, er ist gefügig. Ein verrohter Mensch macht vieles mit dem verweichlichten Menschen, auch grausames, selten mit Verstand. Seit meiner Jugend habe ich, den Grund weiß ich nicht, versucht viele Dinge aus der Vogelperspektive zu sehen. Dies ist natürlich nur dann möglich, wenn man nicht selbst in einer Thematik emotional involviert ist. Ich kann nur allen raten sich mit dieser Blickweise zu beschäftigen.

Die Gefahr der unkontrollierten Invasion. Wer die Kontrolle aus der Hand gibt, gleichgültig auf welchem Gebiet oder mit welcher Technik, wird höchstwahrscheinlich ertrinken, ersticken, erstochen, beraubt oder einfach nur überrollt. Auch wenn die Auswirkung der Nicht-Kontrolle sich schleichend und leise Raum sucht, so steht sie mit all ihren Problemen bald mit Gewalt vor der Tür. Dann, lieber Leser, kann es zu spät sein. Der Flachdenker kann sich nicht darauf präparieren, der Mensch mit Weitblick schon. Kontrollverlust ist das eine und Kontrollverzicht das Andere, gewollt. Versuchen Sie einmal bei offener Haustür – heute – zu schlafen. Schreien Sie dann noch in die Welt hinaus, dass die Haustür offen ist und geben Ihre Adresse bekannt. Dann reden wir weiter. Abschottung ist hier nicht gemeint. Wenn jemand kritisch die Invasion sieht, will er nicht unbedingt abschotten, er will beschützen durch Kontrolle. Und dies mit Kontrolle außerhalb von Deutschland, denn wer hier ist, geht nicht.

Warum haben Deutschland und die EU Grenzkontrollen abgelegt, ad acta? Das Grundgesetz, bei allen so gepriesen, wurde nach dem Zweiten Weltkrieg geschaffen, mit gutem Willen. Die Regelung des Asyls und der Religionen halte ich heute für äußerst riskant. In beiden Bereichen überlässt es Deutschland anderen Menschen über deutsche Gelder und Strukturen zu verfügen – out off control. Hier gilt auch: Was Hänschen nicht lernt, lernt Hans nimmermehr. Was Klein-Mohamed nicht lernt, lernt er in einer anderen und anspruchsvolleren Kultur erst recht nicht. Ausnahmen bestätigen den dichtesten Wert.

Ich weise auf einen weiteren gravierenden Fehler unserer führungslosen Politik hin. Wer nach Deutschland kommt kann etwas tun, und sollte etwas tun. Die Invasoren bekommen aber Unterkunft, Verpflegung und Geld, auch ohne etwas zu tun. Es ist pädagogisch völlig ungesund dafür keine Gegenleistung einzufordern. Geschenke in Bausch und Bogen sind nicht sozial und ungesund, ich persönlich schenke gezielt und mit Augenmaß. Man gewöhnt sich schnell an Geschenke. Ein sogenannter Flüchtling bekommt ein sicheres Einkommen, viele deutsche Rentner auch, aber oft wesentlich weniger, dies schafft Unmut. Unser Staat zeigt sich als Weichei, wie es mir Türken zu verstehen gegeben haben. Diese Aussage ist auch zutreffend. Wie hat sich der gute demokratische Gedanke zu einer diktatorisch realitätsabgewandten Demokratie entwickeln können? Es wird geredet, aber nicht der Realität entsprechend gehandelt, es gilt: Reden ist Silber, handeln ist Gold.

Die Altdeutschen (die Bezeichnung ist für viele schon nazibehaftet) und die Invasoren wirken aufeinander, aber wie. Beispiel: In einem landwirtschaftlichen Betrieb werden Milchkühe gehalten, und dies alles nach den höchsten Reinlichkeitsgeboten. Was denken Sie, wenn die Reinlichkeit der Milch nicht mehr kontrolliert wird? Aus Milch entsteht: Käse, Joghurt oder etwa Babynahrung. Muss ich es näher erklären, oder verstehen Sie das? Die moralische Reinlichkeit ist unsere erworbene Stärke. Verfügen auch die Summe der Neuankömmlinge darüber? Nein!

Wer zahlt für die Invasoren für Klagen, Handy, Unterkunft, Lebensmittel, Arztbesuche oder Transit? In einem Krankenhaus, im Rhein-Main-Gebiet wurde meine Frau vor einiger Zeit stationär aufgenommen. Natürlich habe ich sie täglich besucht, mit täglich den gleichen Impressionen. Mir sind dort gefühlt mindestens 70 Prozent nicht deutsch sprechende Patienten mit Anhang begegnet. Ist der Anteil derer so groß in Deutschland? Nein. Hier andere 70 %: 70 Prozent der in Deutschland Einsitzenden in JVA´s haben Migrationshintergrund.

Stellen Sie sich folgendes Szenario vor. In Afrika ist vor einigen Jahren die Krankheit Ebola ausgebrochen. Nun reisen rund 500 mit Ebola infizierte unkontrolliert nach Europa ein, davon 200 nach Deutschland. Die infizierten Afrikaner haben Kontakt zu Polizei, Beamten und deutschen Bürgern. Plötzlich infizieren sich auch diese Personen, eine Epidemie bricht aus. Sie glauben, dass dies nicht eintreten kann. Oh doch, es kann.

Ein weiteres Szenario: Ein Terrorist, und wir wissen, dass die hier sind, bewirbt sich bei der Wasserversorgung im Rhein-Main-Gebiet. Er wird eingestellt und man vertraut ihm nach einiger Zeit. Nach zwei Jahren hat er Zugang zu den großen Trinkwasserspeichern. Er vergiftet das Trinkwasser für weit über eine Millionen Bürger. Das gibt es nicht, denken Sie. Auch das gibt es.

Nun stellen Sie sich vor, Sie sind in Afrika (egal wo) aufgewachsen und haben über die weltweiten Medien erfahren, wie es sich in anderen Regionen der Erde leben lässt. Sie sind aber unter ganz anderen Bedingungen aufgewachsen. Sie haben Krieg und Kämpfe kennen gelernt. Sie haben von Kindesbeinen an gelernt,

Waffen zum Schutz zu benutzen. Die Schule kennen Sie nicht. Sie haben Ihr Leben auf Verteidigung und nicht auf Achtung von Mensch und Tier eingenordet, ohne, dass Sie selbst je eine Wahl hatten. Wenn ein Problem vor Ihnen steht, so lösen Sie es nicht mit einem Gespräch, sondern mit Gewalt. Sie bestrafen ihren Kontrahenten.

Was Sie in den Medien sehen und hören, wollen Sie auch als Afrikaner: Sie möchten in einer besseren Welt leben. Sie sehen aber nur das Materielle und die Freiheiten, nicht aber die Pflichten. Freiheiten in die die gelobten Länder über Jahrzehnte oder Jahrhunderte hineinwachsen mussten. Und dies hat viel Schweiß gekostet, von der Moral ganz zu schweigen, und dies alles ist sehr dünn. Das alles kennen Sie nicht. Der Mensch verträgt im Übrigen nur eine gewisse Range an Freiheit und die muss dem jeweiligen Zeitgeist angepasst werden.

Nun versuchen Sie nach Europa zu kommen, dort wo vermeintlich Milch und Honig fließen. Sie leben aber in Europa das Leben, das Sie von Ihrer Herkunft gewöhnt sind. Sie erwarten und fordern. Kann man es Ihnen verdenken? Man muss es denen ankreiden, die dies zugelassen haben – und das sind wir Europäer. Eine Verrohung möchte hier aber niemand, ist aber in Sichtweite.

Der Begriff Invasion ist so definiert: „Das Einfallen von Menschenmassen in ein bestimmtes Gebiet". Dies trifft so auf die Masseneinwanderung der vergangenen Jahre zu. Erst dann sind die

Massen in wahre Flüchtlinge und in Wirtschaftseinwanderer zu unterscheiden. Niemand, ich wiederhole niemand kennt die Anteile der Gruppen. Eins ist aber gewiss, es wird gelogen und betrogen und das aufnehmende Land lässt sich belügen und betrügen. Das ist schlichtweg dumme und feige Politik. Zumal diesen Menschen Einladungen nach Europa, insbesondere Deutschland, wenn auch nicht persönlich, vorliegen.

Die gesamte Betrachtung hat sicherlich einen menschlichen Hintergrund, sollte aber sachlich und mathematisch begründet sein. Warum ist ein Staat wie Deutschland nicht ehrlich zu sich selbst? Es werden Daten und Vorkommnisse verdreht, abgeschwächt, aufgebauscht und verfälscht. Glauben Sie allen Ernstes, dass der erhebliche Anteil von kritisch bis kriminell geprägten Einwanderern zu integrieren ist?

In den ersten fünf bis zehn Jahren wird der junge Mensch in seinem Leben grundlegend geprägt, später gewinnen nur noch kleine Korrekturen Einfluss. Die Frage stellt sich: Wer ist wo aufgewachsen? Was sind das für Sprüche: „Die Neubürger sind mehr wert als Gold". Warum und mit welchem Hintergrund wird so etwas geäußert?

Ein Staat schwächt sich wenn er uneingeschränktes Asylrecht gewährt und es dem „Flüchtling" alleine überlässt, ob er nach Europa kommt – also „out of control". In Afrika leben heute ungefähr 1,1 Milliarden Menschen. Man schätzt, dass sich diese

Bevölkerung bis 2100 vervierfacht haben wird, also 4,4 Milliarden. Weder werden Bildung, noch Ernährung, noch Gesundheitswesen, noch Kultur mitwachsen. Afrika wird immer mehr an Hunger leiden, Afrika strebt in alle Richtungen, verständlich. Wenn es Afrika nicht versteht sich zu helfen, dann muss die westliche Welt Einfluss auf die Bevölkerungsexplosion nehmen. Darüber darf es keine Diskussion geben, auch nicht bei den „Gutmenschen", Realität ist angesagt. Wer dies nicht erkennt, wegen Mangel an Urteilungsvermögens oder wer es ausblendet, trägt zu einer menschlichen Katastrophe bei. Afrika wird Europa überrollen. Wird darauf Einfluss genommen, tut es niemandem weh.

Europa ist ein guter Wein. Nun schenken Sie in diesen Wein Wasser in unterschiedlicher Qualität aus anderen Teilen der Welt, und dies immer mehr. Bisher haben die Männlein vom Mars unseren Wein gerne getrunken und immer wieder nachbestellt. Jetzt beziehen diese Männlein ihren Wein von der Wega, denn unser Wein ist verdorben und nichts mehr wert. So hat Deutschland seine Bevölkerung durch den unkontrollierten Zuzug gestaltet, schauen Sie sich die Schulen an.

Die Aussage „Wir schaffen das" hat dazu beigetragen, eine emotional gesteuerte Willkommenskultur zu schaffen. Wer ist denn dieser Einladung gefolgt? Es waren auch Flüchtlinge, aber auch Kriminelle, Hassprediger und Terroristen. Nicht alle, die sich als Pharmazeut oder Arzt ausgegeben haben, konnten den grundlegendsten Prüfungen standhalten, sie waren Putzhilfe oder Krankenpfleger (Quelle: deutsche pharmazeutische Organisationen). Denn sie verfügten nicht über diese Ausbildung. Es kamen Integrationswillige, aber auch Migranten, die nur in die deutschen Sozialsysteme einwandern wollten.

Was schätzen Sie, wie viel Prozent der in den deutschen Justizvollzugsanstalten Einsitzenden Migrationshintergrund haben (wurde schon erwähnt)? Während der Recherche zu meinem Buch konnte ich den Prozentsatz ermitteln. Ich musste mich aber an anderen Stellen vergewissern, ob dem wirklich so ist, denn er ist hoch, sehr hoch. 70 Prozent der Einsitzenden haben Migrationshintergrund und davon sind über 50 Prozent türkischer Herkunft. Sie glauben es nicht, so wie ich vor zwei Jahren? Dann holen Sie sich aus unterschiedlichen Quellen, auch aus Gesprächen mit der Polizei, die Informationen. Mit Statistiken wird es etwas schwieriger, man kann den Eindruck gewinnen, die Tatsachen soll niemand erfahren.

Hochzeit der „Willkommenskultur" zu nennen ist wirklichkeitsfremd, ja irreführend. Es kamen eben nicht nur schutzbedürftige Flüchtlinge. Unter all den Menschen war ein erheblicher Teil auch an Analphabeten.

Warum sollen illegal eingereiste Flüchtlinge ihre Familien legal nach Deutschland holen dürfen? Das versteht doch kein vernunftbegabter Mensch. Das Leistungs-Niveau in unseren

Schulen, Bildungseinrichtungen und Uni's wird sinken, das Abitur wird leichter. Das Ergebnis wird die Reduktion einer hervorragenden leistungsfähigen Wirtschaft sein.

Hier ein Bericht eines Schöffen an einem deutschen Gericht: „Ich war acht Jahre Jugendschöffe, vier am Landgericht xxx und dann vier am Amtsgericht xxx (Anm. des Autors: Orte unkenntlich gemacht). Ich kann einem ›richtigen‹ Deutschen nur empfehlen, nicht mit Nachbars Quad zu fahren, dafür gibt es die gleiche Strafe wie für 70 (in Worten: siebzig) professionelle Einbrüche eines ›neuen guten‹ Deutschen. Ich habe da Bolzen erlebt, die sind einfach unbeschreiblich. Da kann man ein Buch von schreiben. Eine Berufsrichterin meinte in einer Schöffen-Besprechung nur: Man müsse ›die‹ (gemeint war die Summe der migrantischen Südländerdeutschen) einfach nur ›präventiv‹ drei Tage die Woche wegsperren, dann hätten wir halb so viel Kriminalität in Deutschland.“

Ein kleines Beispiel aus dem Anfang meiner Schöffenperiode im Gerichtssaal: Der Staatsanwalt verliest (eine halbe Ewigkeit) die Anklageschrift. Täter Deutscher (Türke), Anführer einer Gang, muskelbepackt. Taten: extreme Körperverletzung, Raub, Diebstahl, Drogendealerei und andere Delikte. Als der Staatsanwalt endete, stand der Täter auf, baute sich drohend auf und meinte voller Aggressivität: Jetzt weiß ich, wie du heißt, heute Abend bin ich draußen und ficke deine Tochter. Gut, das konnte verhindert werden, da der Staatsanwalt keine Tochter hatte. Urteil: drei Jahre, drei Monate, ohne Bewährung. (Es geht auch ohne Bewährung.)

Nachdem es viele Fälle mit Bewährungsstrafen gab, fragte ich dümmlicher Weise die drei Berufsrichter, warum denn so viele mit Bewährung von den Amtsgerichten beim Landgericht landen. Antwort eines Berufsrichters am Landgericht: Wir (die Richter) haben eine mündliche Anweisung vom Justizministerium NRW, dass eben möglichst nur im Ausnahmefall Gefängnis vergeben werden solle. Die Begründung war:

1. Die Gefängnisse sind voll
2. die Kosten von über 3000 Euro pro Kopf und Monat sind nicht bezahlbar und
3. (der echte Hammer) sonst wäre die Statistik so massiv negativ für die Migranten.

Das war noch zu rot-grüner Zeit. Nach dem Wechsel habe ich das unserem CDU-Abgeordneten mitgeteilt mit der Bitte, das anzusprechen. Nichts hat sich geändert. « Halten Sie eine weitaus größere Invasion aus Afrika wegen der steigenden Überbevölkerung für möglich?

nein	steigende Invasion aus Afrika	ja
	⬅——————➤	

Fazit

Die aufgeführten Ansichten sind ein kleiner Bruchteil aller Einflüsse in unserem Staat. Dem einen mag das eine oder das andere nicht gefallen. Darum geht es mir nur sekundär. Mir liegt daran den Leser zu sensibilisieren, dass er erkennt, dass viele tausend Einflüsse letztendlich als Summe den Volksgeist darstellen. Und dieser Volksgeist, eine Range als Summe, zeigt in welche Richtung ein Volk sich entwickelt.

Das größte aller Probleme in Zukunft unserer Kultur sehe ich im Geisteszustand des oft erwähnten Flachdenkers. Diese Bezeichnung ist nicht als Beleidigung, sondern als Charakterisierung zu verstehen. Die Menschen unterscheiden sich ja auch beispielsweise in ihrer Sehkraft oder Hörfähigkeit, dann darf einem Flachdenker durchaus einiges an Tiefgang, Weitblick und weiteren Tugenden fehlen. Kurz auf den Punkt gebracht ist der Flachdenker, ein Mensch, der die Zeichen der Zeit und die menschlichen Geschehnisse nicht erkennt oder falsch interpretiert. Nimmt dieser Typus Mensch überhand, durch oben geschilderte Gründe, dann wird der Vernünftige es schwer haben – „Gegen Dummheit ist kein Kraut gewachsen!"

Wie schon erwähnt: Als sich die vereinigten Staaten in Nordamerika zusammengeschlossen haben war dies, abgesehen von einem Bürgerkrieg, relativ möglich, weil sich noch nicht ausgehärtete Staatsstrukturen zu einem Ganzen geformt haben. Die

EU wurde mit 28 ausgehärteten Staatsstrukturen zusammengepfercht. Man muss nicht Analytiker, Organisator oder Entwickler sein um in beiden Zusammenfindungen Unterschiede zu sehen. Die EU ist mit der heißen Nadel in einer nicht vertretbar hohen Geschwindigkeit gestrickt worden. Dieser Zusammenschluss ist zu komplex um übereilt einen Konsens zu finden.

Wenn folgende Punkte in einem Volk fehlen oder sich reduzieren oder reduziert werden, gleich von welcher Strömung, dann droht einer Kultur höchstwahrscheinlich schleichend und für die Masse nicht spürbar der unbemerkte Untergang. Wenn eine Kultur untergeht dann entwickelt sich eine Situation die sich als das Gegenteil eines Streichzoos zeigt, es geht jedem Einzelnen an den Kragen. Wenn keine negativen Auswirkungen von außen auf eine Kultur einwirken, wie Krieg oder Naturkatastrophen, dann tragen 80 % der Bevölkerung zum einem Untergang selbst bei. Die restlichen 20 % mit Weitblick werden nicht dagegen angehen können.

1. Verlust des Rudeltierverhaltens
2. Verlust des Zusammenhalts
3. Verlust des Realitätssinns
4. Übertriebene Ideologien
5. Übertriebenes Gutmenschentum
6. Übertriebene Toleranz
7. Freiheit als Konstante
8. Keine Unterscheidung mehr zwischen Gut und Böse
9. Moral
10. Gesitteter Umgang von Mensch zu Mensch
11. Verlust von „danke", „bitte" und „guten Tag"

12. Familiensinn
13. Leistungsbereitschaft
14. Beachtung eines Teils der „Zehn Gebote"
15. Verantwortung übernehmen
16. Religion
17. Verlust an Respekt vor Polizei, Justiz und Hilfskräften
18. Verlust der Gemeinsamkeit in Richtung Verrohung
19. Verlust und Abkehr seines Heimatlands
20. Übertriebenes und unrealistisches Multikulti
21. Übertriebene und unrealistische Weltoffenheit
22. Unkontrollierte Grenzöffnungen
23. Verkauf des eigenen Landes durch Wissen und Werte
24. usw.

Jeder soll für sein Tun und Handeln, jetzt und in der Zukunft die volle Verantwortung, gleichgültig welcher Herkunft übernehmen. Religionen oder religionsähnliche Strömungen sind reine Privatsache und haben weder in der Politik, noch in der Wirtschaft etwas zu suchen. Leistung soll belohnt werden. Leistungsverweigerer sollen nicht belohnt. Aber, ein Sozialsystem, eine Art Assekuranz, soll dafür sorgen, dass niemand hungert und ein Dach über dem Kopf hat. Nach einem Punktesystem erwirbt jeder Mensch Anwartschaften auf seine Rente. Der Bürger wird verpflichtet monatlich auf sein Punktekonto Einzahlungen, entsprechend seinem Einkommen vorzunehmen. Mütter werden hier besonders berücksichtigt. Usw.

Jeder der sich für ein Demokrat hält sollte sich überlegen ob sein Gegenüber ein Rassist oder ein Mensch ist der seine Meinung kund tut. Gefährlich sind die Menschen, die sich massenpsychologisch beeinflussen lassen und es nicht bemerken, oder die Flachdenker. Dieser Typ Mensch sieht nicht die möglichen Gefahren und kann sich somit auch nicht darauf einstellen.

FSC
www.fsc.org
MIX
Papier aus ver-
antwortungsvollen
Quellen
Paper from
responsible sources
FSC® C105338